# なぜか、いつも夫は他人ゴト。

幸せ夫婦伝道師
ザビエル【著】

夫にイライラする。

イマイチ話がかみ合わない。

夫に毎度、軽〜い絶望感を覚える。

一度でも「夫よ、1回出直してこい」と思ったことがある。

当事者意識のない夫を前に、むなしさを感じる。

ムカつくのを超えて、あきらめになった。
ふと孤独感に襲われるときがある。

# 理想の夫ってなんだっけ？

けれど離婚したいわけじゃない。
ただ、夫婦の距離をあと少し、縮めたいだけ。
あと少し、おだやかな夫婦になりたいだけ。
そんなことを
胸に秘めて日々を暮らす、妻たちへ贈ります。

# PROLOGUE

こんにちは。著者のザビエルです！

ぼくは今でこそ夫婦問題に関する相談を受けたり、夫婦仲がよくなるメルマガやブログなどを発信したりしていますが、昔は本当にクソ夫でした（笑）。

わりと若い20代で結婚して子どもを授かりましたが、夫婦仲がとにかく最悪。亭主関白で、家事や育児にはまったく協力しない。話をすればケンカばかり。

当時は、結婚に失敗したから、**子どもが成人したら離婚を考えようと本気で思っていました**（妻も、この人との結婚は間違っていたと心から思っていたそうです（苦笑））。

でもふと思ったのです。

このままでは、妻に「あいつは最低の夫だった」という記憶として刻まれてしまう。それはシャクだな、と。

どうせなら「最高の夫を私は手放してしまった！」と思わせる存在になってやろうと決意したのです。動機が不純ですみません……。

それからぼくは8年の歳月をかけ、何百万円ものお金を、教材やセミナー、さまざまな書物、カウンセリングなどにつぎ込み、学習していきました。そして、妻との関係においてひとつずつ実践していきました。

しかし、学んだことはわかりづらかったり、ぼくが間違った解釈をしたりしたこともあり、そのたびに、自分を責め、妻を責め、結婚したことを後悔し、離婚を本気で考え、苦しんだ日々もありました。

そういった失敗を乗り越えながら、自分のものにしてきたのです。

そして**最終的には妻から「あなたがいてくれるだけで幸せ」と言われるぐらい、とても仲がよくなりました**。今では子どもも3人になり、たまに衝突もありますが、超幸せな家庭を築いています。

ぼくでもこんなに幸せになれたのだから、夫婦仲で悩んでいる人たちにも教えてあげたい。それがきっかけでブログを開始。今ではメルマガ読者が1万5000人を超え、ブログも1カ月に10万人以上の方が訪れてくれています。電話やメールでの相談を含めれば、1000人以上の方に直接アドバイスをしてきました。

ここからはもう少し具体的なお話をしますね。
この本を手に取ってくれたあなたなら、楽しい家庭を作りたい。幸せな夫婦になりたいと思っているはずです。
でも、今の夫じゃ道のりは遠そう……と思うなら、次の質問に答えてみてください。

**【質問】職場でこんなことを言ってくる相手を、あなたはどう思いますか?**

**Aさん：女性**
彼女はあなたにこう言います。

「あなたの仕事にはいつも本当に助けられているわ。ありがとう。
あなたと仕事をしていると、
私がラクをさせてもらって悪いなあって思うときもあるの。
本当にいつもありがとね」

Aさんは〝敵〟でしょうか？　〝味方〟でしょうか？

Bさん：：男性

彼は淡々とあなたにこう言っています。

「あ、それダメだから直しておいてね。あと、以前のアイデアもダメだよ」
「そうじゃなくてさ、もうちょっと視点を変えて欲しいんだよね」
「この間のプレゼンも何が言いたいのかわからなかったから、もっと考えてね」

さぁ、あなたにとってこの人は〝味方〟ですか？　それとも〝敵〟？


意見が合えば口出ししないけれど、意見が合わなければ、

「こうしたほうがいい、なんでそうするの？」

「こう考えたほうがあなたのため……」

こんなことを言われ続けたら、あなたは何を感じ、どのように思うでしょうか？


残念ながら、なんとなくうまくいっていない夫婦関係というのは、このBさんのパターンが家庭内で起こっている可能性が高いです。

家事や育児、仕事や親子関係など、いろいろな場面で意見をしていませんか？

ちなみにあなたが〝意見をする〟と、相手は「自分の考え方を否定された」という印象を受けます。

そのため、いつのまにか夫と妻は敵同士になり、ネガティブな家庭になってし

まうのです。


じゃあ、居心地のよい夫婦になるにはどうすればいいのか……。

それは非常に簡単で、**夫の味方になればいい**のです。

では、夫の味方になるためには、どうすればいいのでしょうか？　それはまず〝相手を知る〟から始めることです。

「そんなこと？　もう十分知っています！」と思ったかもしれません。

でも本当ですか？

これは実際にあった話なのですが、相談をくれたある女性が「私は夫のことを誰よりも理解しています！　なのに……」とおっしゃるので
「じゃあ、ご主人の好きな飲み物はなんですか？」
とたずねたら
「ビールです」

と答えられました。そして次に
「好きなビールの銘柄は？」

と聞くと……

「わかりません……」

と言われたのです。

夫のことを知っていると思っていた妻でさえ、好きなビールの銘柄までは知らなかったのです。

夫婦になると
なぜか
知っていて、当たり前、
わかってくれて、当たり前、
やってくれて、当たり前。

という思考回路になってしまうのですが、これが不幸の始まりです。
ぼくは今でも妻の新たな一面を知る瞬間がたくさんあります。

そして、知るだけで夫が変わります。夫婦の距離が縮まります。

**あなたが夫を知るだけで、夫は馬車馬のようにあなたに尽くしてくれるようになるのです**。これ本当です。

この本を読んで、
「ああ、やっぱりこの人と結婚してよかった」
そんなふうに思える毎日を送りませんか？

著者

もくじ

## 2章 なぜ夫は、家事をやらないのか

### 日常生活

## 3章 なぜ夫は、育児に関心がないのか

妊娠　出産　子育て

## 4章 なぜ夫は、浮気をするのか

お金　お酒　女性　スマホ依存

1章

# なぜ夫は、人の話を聞かないのか

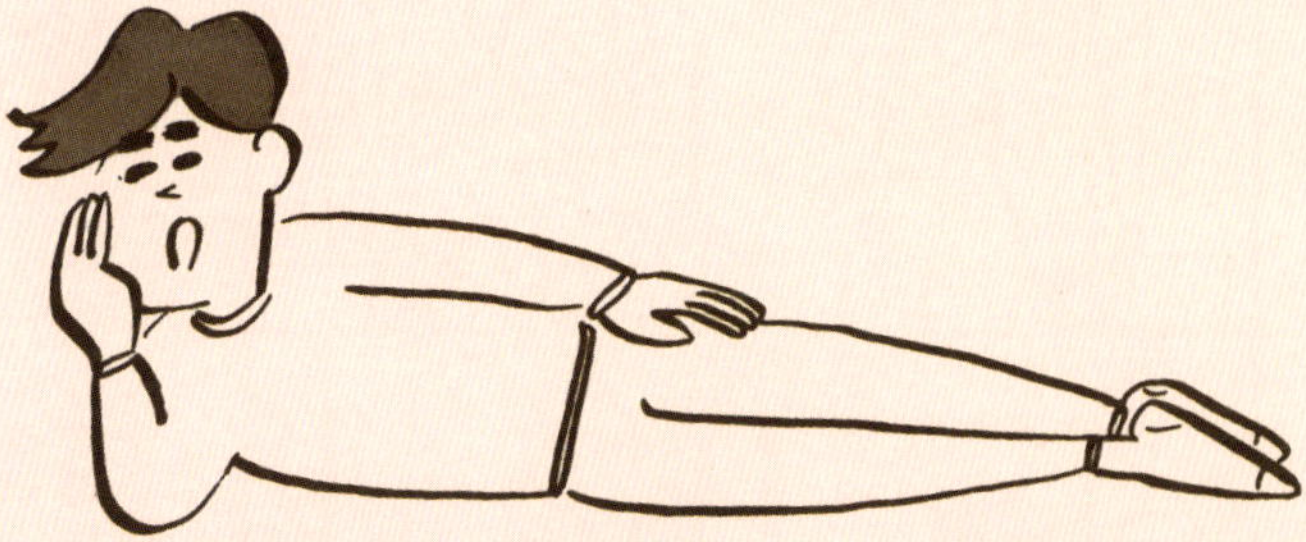

性格　態度

絶望 1

# 自分のことしか考えていない夫

KEYWORD

- 自己中心的
- 頑固
- 空気が読めない
- マイペース

## とらわれていることに気づけ

四コマに登場するような夫、たまにいますよね（笑）。妻の表情がみるみる変わって、まわりが凍りついているのに、夫はどこ吹く風。

「ありえない！　私の身にもなってよ」「もう誘うのやめるね」などのセリフを言いたくなる、あなたの気持ちもよ〜くわかります。でもそんなことを言っていたら、ちょっと注意が必要です。それでは状況を好転させるどころか、悪化させるだけ。

では、状況を好転させるにはどうすればいいのでしょうか。

まず大事なのは、〝夫の行動にとらわれない〟ということです。「夫の行動にとらわれないってどういうこと？」と思われますよね？

それでは、ここではふたつのステップで説明していきたいと思います。

### STEP1　自分のとらわれに気づく

夫の「つまらなそう」「先に帰る」「実家に行かない」という出来事にとらわれてしまうと、

「こんな行動をするのは、きっと◯◯に違いない！」と、妻は行動の理由を想像し始めます。

実は、この〝想像する〟ことが超危険なのです。行動自体が妻にとってネガティブなものだと、理由もネガティブなものになりやすいのです。

たとえば、「夫の行動＝実家に行かない＝妻にとってネガティブな行動」だとしたら、「その行動をした理由＝私の親なんてどうでもいいと思っているからだ！＝ネガティブな理由」になりやすいのです。


では、どうすればいいのか。それは、夫の言葉や行動の理由を想像するのではなく、何があったのか知ろうとすることです。

なぜなら、想像がネガティブになればなるほど、夫を責めたりあなたの中で夫の評価を下げたりしてしまうからです。すると、夫婦間の溝はどんどん広がってしまいます。

女性の豊かな想像力はすばらしいのですが、ここでは想像ではなく〝知る〟ことが大事だと覚えておいてください。

では、〝知る〟とはいったいどういうことなのでしょうか？

それが次のステップになります。

STEP 2

## 夫の思いを知る

夫の言動や行動に、意味はありません。本来、出来事に意味はなく、意味をつけているのは、それを見ている人（妻）なのです。

四コマに登場する夫を冷静に見ると、夫は集まりの途中で帰ったり、行くのをやめたりしただけです。

ところが、その出来事の理由を想像すると、ネガティブな内容になりやすいので、状態が悪くなるのです。

勝手に帰った出来事を見て、「非常識！」「ありえない！」と思うかもしれませんが、こんな解釈で腹を立てては、夫婦関係は悪くなる一方です。だからこそ、その奥の意味を探る必要があります。つまり、夫がその行動をした理由を知ろうとするのです。

夫の心の中で何が起こったのか？　どうしてつまらなそうにしているのか？　どうして途中で帰るのか？　どうして実家に行かないのか？

ここに、夫の思いが隠れています。

つまらなそうにしているのは、体調が悪いのかもしれません。

運動会には、嫌な思い出しかないのかもしれません。

途中で帰るのは、何か用事を思い出したのかもしれません。話の内容で、嫌な気分になったのかもしれません。

実家に行かないのは、あなたやあなたの両親から過去に何か言われたからかもしれません。

本当の理由は、夫に聞かない限りわからないのです。


これは自分のポリシーを絶対に曲げない夫も同じです。

どんなポリシーをもっているのか？　そのポリシーをなぜそんなに大事にしているのか？　いったいどんな理由があるのか？

こういったことを知ろうとしなければ、夫が何を大事にしていて、何を守ろうとしているのかはわかりません。なので、ぜひ夫のことを知ろうとしてください。


「どうして私から歩み寄らないといけないの？」と思う人もいるでしょう。

ここで考えて欲しいことがあります。

それは〝自分はどうなりたいのか？〟です。

たとえば「夫婦関係が壊れても、私は歩み寄りたくありません！」と思うのであれば、歩み寄る必要はまったくありません。

ですが、「私は幸せで温かい家庭を作りたい！」と思うのであれば、あなたから歩み寄ることをおすすめします。

〝自分はどうなりたいのか？〟そして、〝そのために、何をするのか？〟これは自分が決められるのです。

**ザビエル語録**

出来事に意味はなく、意味をつけているのはあなた。
本当の意味を知りたければ、夫に聞くしかない

絶望2

# 人の話を聞いていない夫

KEYWORD

- 何度言っても覚えていない
- 同じことを繰り返す

子どもの帰りが遅かったり成績が落ちたりしたら、「このままで大丈夫かしら、どうにかしないと！」と思う気持ちになるのはもっともです。

そんなときだからこそ、夫に相談したいのに真剣に聞いていない。聞いている素振りはするけれど明らかにわかっていない。こんな夫、本当に多いと思います。

では、なぜ夫は人の話を聞かないのでしょうか？

ここで重要になるのは、これまでのふたりの〝会話〟と〝相談〟がどのようなものだったかです。

四コマの夫婦を見ると、子どもの〝帰りが遅い〟〝成績が落ちたこと〟を、妻がすでに「問題だ！」と認識して話を始めていますね。そして、この問題をどうにかするために、夫に意見を求めているように思います。

このように〝自分と相手の認識が同じ〟と決めつけた会話を繰り返していると、夫が話を聞かなくなる可能性は高くなります。なぜなら、妻の意見が正しいという前提で会話が始まり、夫の意見は受け入れられないからです。

また、「いつも話を聞いてくれないね」「あなたって自分のことしか興味ないよね!」などの発言もさらに夫が話を聞かなくなる可能性を高めます。

## 心の聞き上手になれ

四コマと同じようなことが実際に起きている場合、これまでの会話を思い出してみて欲しいのです。夫とどんな会話をしてきたでしょうか?

妻が「この問題をどうにかしなければ!」と思って、夫に相談したとしましょう。それなのに、夫から「なぜそれが問題なの?」と返ってきたら、夫婦間に何が起こるでしょうか?

たとえば妻は〝子どもの帰りが遅いこと〟が問題であるという認識だと仮定します。この場合、こんな会話になるかもしれません。

「最近、あの子の帰りが遅いんだけど、あなたから何か言ってくれない?」

そこで夫が
「まぁ、たまにはいいんじゃないか？」

「そんなに問題なのか？」

「本人にまかせてもいいんじゃないか？」

「なんで遅くなったんだ？」

なんてことを言ったとしたら……

**「まぁ、たまにはいいんじゃないか？」**
**↓** **妻の反応**「そんなんだから、あの子は甘えるのよ！」

**「そんなに問題なのか？」**
**↓** **妻の反応**「じゃあ、あなたはどれだけ遅くなってもいいって言うの？」

**「本人にまかせてもいいんじゃないか？」**
**↓** **妻の反応**「まかせたら何が起こるか、わからないじゃない！」

「なんで遅くなったんだ？」

⬇ 妻の反応「そんなの知らないわよ！　あなたから聞いてよ！」

いろいろなやりとりの後、最終的には、これらに近いセリフを言っていませんか？

こういうやりとりがダメって話ではありません。そうではなく、こういうやりとりをしていたら、どんどん夫婦の会話は減りますよっていう話です。

なぜなら、夫の〝心〟を聞いていないから。大切なのは、〝相談する〟ということです。

## 〝相談〟と〝意見を聞く〟は別もの

妻が問題だと思っていることを解決するために、意見を聞くことが相談ではありません。

相談とは、「まず何が起きているのか？　それに対して自分はどう思うのか？　それはどうしてか？　どうすればいいのか？」など、ステップを踏んで聞くことです。

**STEP1**　**何が起きているのか？　何が起こったのか？**

**STEP2** **自分の意見を言う**
**STEP3** **相手の意見を聞く** ☝これが超重要！
**STEP4** **家族の方針を決める**
**STEP5** **どうするのかを決める**

これをもとに、会話のパターンを作ってみます。

「昨日、あの子の帰りが遅くて、すごく心配しちゃったのね。で、私としては遅く帰ってくると心配しちゃうから、○時までに帰ってきて欲しいなぁと思うんだけど、あなたはどう思う？」 **STEP1・2**

「（夫の意見）」 **STEP3**

「じゃあ、我が家の方針としては、○時までに帰ってくるってことでいいかな？」 **STEP4**

「○時を過ぎたら、どうしようか……」 **STEP5**

こんな感じで、一緒に考えて一緒に決めることが重要です。これをしない限り、夫が妻の話を真剣に聞く日はやってこないでしょう。なぜなら、妻が夫の話を聞かないからです。

もしこれまでの会話を振り返って思うところがあったら、今後は〝一緒に決める〟という意識を忘れずに会話をしてみましょう。

ザビエル語録

相談とは、一緒に考え、一緒に決めること

気づかなくてごめん。
相談してくれて…
ありがとな

絶望 3

# デリカシーがない夫

KEYWORD

- 無神経
- 配慮がない
- 雑
- 冷たい

四コマの夫のセリフのようなことを人前で言って欲しくないですよね（汗）。「なんて夫なの！」「妻がどう思うか考えたことはないの!?」と言いたくなります（苦笑）。

では、そんなデリカシーのない夫には、超スパイシー料理で嫌がらせを……、というのは冗談ですが、そんな夫にはどう対応すればいいのでしょうか？

夫にデリカシーがない理由は、ふたつの可能性が考えられます。

ひとつは、夫自身は自分にデリカシーがないと思っていない可能性です。そんなバカな！　と思うかもしれませんが（笑）、そもそも「デリカシーって何？　車の車種？」くらいに思っている夫は多いと思います。

なぜなら、デリカシーとは、妻がもつ基準でもあるからです。女性にモテて、女性と一緒に行動する夫なら、デリカシーを理解しているかもしれません。ただ、大半の夫は理解していないでしょう。ですので、妻であるあなたが教えてあげてください。

もうひとつは、夫に意見を求めても、その意見を妻が今まで受け入れてこなかった可能性です。

それでは、くわしく話していきましょう！

## 自分にデリカシーがないなんて、夫は思ってない

四コマの例でいうと、夫の中で〝その発言をすると妻がどう思うのか〟が理解できていないのかもしれません。もしくは、家では「太った。ダイエットしなきゃ」なんていう会話をしているのに、外に出たらその会話はNGだとは認識していないのかもしれません。

なので、心を伝える3セット（略して3心《さんしん》セット）で試してみましょう。

1 **あなたが言って欲しくないこと** ＝ 私の場合、外出先で「太っている」と言われること。

2 **言って欲しくない理由** ＝ 恥ずかしいし、悲しいから。私は、似合っているか似合っていないか、あなたの意見が聞きたいだけだから。

3 **意見を言ってもらったときのあなたの気持ち** ＝ 意見を言ってもらえると、参考になるし、ちゃんと見てくれているんだなと感じて嬉しい。

この3つをセットで、ぜひ伝えてみてください。

## 意見を無視すると、夫のデリカシーは低下する

「どっちでもいいんじゃない？」と夫が言う場合、ふたつの意味が考えられます。ひとつは、どちらでも本当に似合っているという意味。もうひとつは、「どうせ意見なんて聞いてくれないし、自分の中で決まってるでしょ？　だからどちらでもいい」という意味。

妻が、夫の「どちらでもいい」という言葉に対してネガティブ（どうでもいいみたい）に感じる場合は、後者の可能性が高いです。

要するに、すでに妻の中で答えが決まっているのに、毎回意見を聞く。夫は一生懸命考えて、意見を言う。しかしすでに決まっているから、その意見は無視される。こういうことが繰り返されていたら、夫は「どっちでもいい」と言ってくる可能性が高いです。

逆の立場ならあなたも、「どっちでもいい」と答えたくなりませんか？

たとえば友人と買い物に行って、「これどっちがいい？」と聞いてくるから答えたのに、自分の意見はほぼ無視されて、友人がすべて選んでいったとしたら。しかもそれが何度も繰り返されたとしたら。その後、あなたはその友人の問いかけに何と答えるようにな

りますか？

きっと、「どっちでもいいんじゃない？」と言いたくなるのではないでしょうか？

ここで質問です。そもそも、妻から見て夫はファッションセンスはあるでしょうか？

実は「センスがない！」と思っているのなら、聞かないほうがいいでしょう（笑）。

でも、センスがあると思っているのなら、しっかりと意見を聞いてみてください。

そうしたら……あなたの隠れた魅力を引き出してくれるかもしれませんよ。

センスがないと思っていたとしても、長年、妻を見ているので、神がかったアドバイスをくれるかも……まあ、難しいかな（笑）。

ザビエル語録

夫はこれまでの人生でデリカシーを学んでこなかった。

だからあなたがデリカシーを教えてあげるべし

俺はぽっちゃりくらいが好きだけどな～
もう～♡

絶望 4

# 言ったことしかできない夫

KEYWORD

- 頼んだこと以上のことができない
- こちらが全部道筋をつけないとできない

「皿洗いしておいて」👉**皿を洗うだけ**（皿はふいてないし、そのまま）。
「掃除しておいて」👉**掃除機をかけるだけ**（下に置いてあるものは、そのまま）。
「オムツ替えて」👉**オムツを替えるだけ**（ウンチのついたオムツや、お尻をふいたウェットティッシュはそのまま）。

こんなふうに言ったことしかできない夫って、すごく多いですよね。何を隠そう、昔のぼくもそうでした（笑）。

イチ言ったら、イチしかやらない夫。いいかげんにして欲しい気持ち、お察しします。

でも、もしあなたが、家事をやった夫に対して「いいかげんにしてよ！」「私がやれってこと？」「ラクなとこだけやってうらやましい」なんてことを言っていたら、家事をしなくなるどころか、関係は確実に悪くなるので注意が必要です。

## まずは〝言ったことができている〟と考える

では、言ったこと以上のことをしてもらうには、どうしたらいいのでしょうか？

四コマに登場する夫のような場合は、ふたつのステップで対応することをおすすめします。

## STEP 1 夫がやった事実に気づく

まず、夫がやった事実に気づくことが大切です。ここに気づかずに文句を言うと、夫を「もうやりたくない」という気持ちにさせる可能性があります。

「夫は私のお願いを覚えていて、それを行動に移してくれた」という事実に気づく。そうすると、あなたの中で「なんで、もう少しやってくれないの?」「ここまでやるのが当たり前でしょ!」という思いが薄れていきます。

その思いが薄れていくと、しぜんと感謝する気持ちが湧きやすいのです。

ここに気づけると、「私の話を聞いてくれている」「私を見てくれている」「私を助けようとしてくれている」……、いろいろな思いが湧いてきます。

感謝の気持ちが湧いてくると、あなた自身が夫といて心地よくなっていきます。あなたが心地よくなると、今度はあなたが、夫に何かをやってあげたくなる。大切にしたいという気持ちが湧いてくる。

これが循環することで、夫婦円満というのは作られるのです。

## STEP2 感謝の気持ちを伝える

でもずっと、言ったことしかやらない夫のままでは困りますよね。

次の3心《さんしん》セットで、あなたの思いを相手の心に届けて解決しましょう。

1 **あなたがやって欲しいこと** ＝ 洗濯物を取り込んだ後、たたんで収納して欲しい。

2 **あなたがやって欲しい理由** ＝ 仕事から帰ってからたたむと、家事でいっぱいいっぱいになってしまうから。

3 **やってもらったときのあなたの気持ち** ＝ そうしてもらえると助かるし、嬉しい。

これが3つの基本セットですが、ここに〝感謝〟をプラスすると、相手により伝わりやすくなります。

たとえば

「洗濯物を入れてくれてありがとう！　帰ってきてから、やらなきゃいけない家事があって、そこを助けてもらえるとすごく嬉しい！」**感謝**＋2

「ただ、もう少し贅沢を言うと、

たたんで収納してくれると、もう何も言うことないの！」1

「そこまでしてくれたら、

どれだけ私のこと大切にしてくれてんのよ〜って思っちゃう」3

「（笑いながら）ということで、次回は期待してるね」

ここで重要なのが、「なんで私がそこまで言わないといけないの！」ではなく、自分なら、どう言われたら気持ちよくやってあげられるか、やってあげたいと思えるかってことです。

「少しぐらい気づいてよ！」という言葉が、あなたが気持ちよくやってあげられる言葉であれば、それでもいいでしょう。

ですが、自分のやったことが認められ、やさしく笑いながら言われたほうが、心に届きませんか？

そして、これを続けていると、夫はあなたにやさしくなり、大切にしたいと思うようになります。

ぜひお試しあれ！

ザビエル語録

自分はどんなふうに言われたら、嬉しいのか？
自分はどんなふうにお願いされたら、気持ちよいのか？

絶望5

# 子どもみたいな夫

ハサミどこ～？
ないよ～
引き出し2番目、いつもの場所でしょ！
あれ～～
リモコンは？
テーブルの下
ねーねー
靴下に穴あいちゃった～どうしよう
…捨てればぁ？
バターどこ？
ちゃんと探した～？
うへ～
なんで毎回毎回私に聞くのよ！
子どもじゃないんだから～

KEYWORD

・甘えん坊
・妻の居場所を常に確認する
・物のありかがわからない

## なぜ夫は物のありかを覚えないのか

いつまでたっても物の置き場所を覚えない、外出先をいちいち確認してくるなど、子どもっぽい夫に嫌気がさしている妻は多いと思います。「我が家は夫を入れて子どもが3人います……（夫が子どもとして換算されている）」という話をよく聞きますし、「もういいかげん自分でやってよ！」と言いたくなる本音もわかります。

このようなケースは、3つのステップで対応していきましょう（STEP1は聞けるタイミングがないとか、聞けない雰囲気であれば、無理にしなくてもOKです）。

### STEP1　行動の理由を夫に聞く

まずは、いつも何かを聞いてくる夫に、どうして「あれはどこ？」「これどうすればいい？」と聞いてくるのかたずねてみてください。何か理由があるのかもしれません（もし特になければ、STEP2とSTEP3へ）。

たとえば、物の場所を聞いてくる場合、妻がしまう場所を（勝手に）全部決めていたり、よく変えたりして、夫が物の場所を把握していないのかもしれません。

外出先を確認してくるのは、何か夫の予定があるのかもしれないし、帰ってくるのが遅くなるなら、食事を自分で何とかしようとしているのかもしれません。

お風呂の際に下着やバスタオルを用意して欲しがるなど、甘えん坊の夫の場合も、「どうしてそれをして欲しいのか」という理由を聞いてみてください。

イライラしながら夫の要求に応えるのはやめましょう。

**STEP 2 あなたの思いを伝える**

次に、3心《さんしん》セットであなたの思いを伝えてみてください。

1 **あなたがやって欲しいこと** ＝ 自分のことは自分でやって欲しい。

2 **あなたがやって欲しい理由** ＝ 他にもやらなきゃいけないことがあるし、忙しいから。

3 **やってもらったときのあなたの気持ち** ＝ すごく助かるし、嬉しい。

この3つをセットにして夫に伝えると、夫も行動に移しやすくなります。

### STEP3　夫婦で一緒に決める

これはまるで結婚式のときのように〝共同作業〟として、何をどこに収納するのかを一緒に決めてください。

どこに何を置くのか？　もっと使いやすくするには、どうしたらいいのか？

そんなことを相談しながら決めるのです。

夫は、あなたにまかせっきりにしているから聞いてくるのかもしれません。

もしくは、いつも場所が変わるから聞いてくるのかもしれません。

理由はいろいろですが、〝一緒に決める〟こと。これが毎日の生活からイライラを減らす工夫にもなります。

ザビエル語録

一緒に決めて、試してみる。
ダメなら、また一緒に決めて、試してみる

絶望6

# 相談ごとの論点がずれている夫

KEYWORD

- 加減を知らない
- 理屈っぽい
- 面倒くさい
- 見当外れ

相談ごとに関して、男性は理屈っぽいとか、女性は共感して欲しいだけとか、いろいろと言われていますが、いったいどうしたらいいのでしょうか？　一緒に考えてみましょう。間違っても「夫のアドバイスなんて聞きたくない」なんて言わないでくださいね。

## ずれていても、夫なりのやさしさが隠れている

相談ごとに関する論点がずれている夫に対しては、夫の心を知ることが重要になります。

大切なキーワードは、〝役に立ちたい〟〝認められたい〟のふたつです。

妻も同じだと思いますが、すべての人間はこの〝役に立ちたい〟という思いと、〝認められたい〟という思いをもっています（他にもありますが割愛しますね）。

ですが、このふたつの思いというのは、なかなかやっかいなのです。

たとえば「妻の役に立ちたい！」と思って、夫は助言やアドバイスをするのですが、それを妻が聞いてくれない、受け入れてくれないと感じると、「自分は認められていない」と認識し始めるのです。

これって妻にもありますよね。夫のために、子どものために、家族のために一生懸命家事や育児をしているけれど、褒められないし、感謝の言葉もない……そうなると「自分は認められていない」と感じるわけです。

なので、ここで大切なのは夫の〝思いを汲《く》む〟ことです。要は、夫は〝妻のために、一生懸命考え、妻のいらだちをしずめるために、妻が前向きになるように、妻が仕事でうまくいくように、考えている（かも！笑）〟ってことです。

仕事や人間関係の相談をする前に、「夫は私を思ってアドバイスをしてくるかもしれない。どんな意見だろう？」と考えてみてください。

そうすると、あなた自身も、合理的なアドバイスを聞きたいときは夫に話し、理屈っぽい意見を聞きたくないときは、話さなくなるかもしれません。もしくは、話し始めるときに、「今日は『ふんふん』って共感だけして！」と言うようにするかもしれません。

いろいろと試してみると、夫との会話が楽しくなると思いますよ。

まぁ、夫は「妻の役に立ちたい」という思いが100%なんですぅー！　とは言えませんが、3%でもそういう思いがあったとしたら……、97%の〝ウザい〟を受け取るよりも、3%のあなたに対する〝やさしさ〟を受け取れると、夫婦関係は円満にならざるを得ません。

あなたは、どんな自分でありたいですか？

あなたに対するほんの些細なやさしさに気づける自分か、「自分の欲しいものを与えてくれない！」と不満ばかりの自分か。

**ザビエル語録**

夫は基本的にウザい。でもほんの少し、
あなたへのやさしさも含まれているかも（笑）

絶望7

# 小バカにしてくる夫

答えはAかな？
違う違う、B！常識だよ（笑）
正解は〜
今日ママ友に嫌み言われちゃって〜
時間があったらあったで、いろいろ大変だな（笑）
なんだか疲れちゃった……
俺も仕事で疲れてさ、精神的に参るよ。お前は働いてないから気がラクだよな
フー
完全に私のことバカにしてる…
ハァー
ハァー


KEYWORD

- マウンティング
- 自分のほうが上というアピール
- 妻を見下す

ちょっとしたことで小バカにしてきたり、自慢してきたりする夫は、本当にウザいですよね。わかります。実際に四コマのような夫の相談も多いです。

では、どうすればこんなウザい夫を撃退できるのでしょうか？

くわしく話していきましょう。

## オーラを読むから不幸になる

夫のオーラ（四コマの場合、妻をバカにしているオーラ）を読み取ろうとすればするほど、あなたが不幸になります。

なぜなら、それは妻の思い込みである可能性が１００％だからです。

「え？　思い込み１００％？　そんなわけはありません！　夫は確実に私をバカにしています！」

と思われるかもしれませんが、まぁ待ってください。ぼくが言いたいのは、そういうことではありません。

四コマのように〝妻をバカにしている〟と受け取れる態度をとる夫はいるかもしれません。

ですが、〝バカにしている〟ことではなく〝なぜそういう言い方をするのか？〟。ここに意識を向けることが重要なのです。

〝バカにしている〟ばかりに意識を向けて、「なぜいつもそんなに偉そうなの？」と怒ったり、「あなたってバカにするのが上手よね～」などと嫌みを言ったりしては、あなたが損をします。

なぜなら、妻をバカにするような発言をするのは、「自分を認めて欲しい」「すごいと言って欲しい」という承認欲求が満たされていないことの表れであり、この不満が原因かもしれないからです（もしくは、夫も妻からバカにされていると感じているか……）。

どうでしょうか？　あなたは心から夫を認めているでしょうか？

言葉でどれだけ「認めている」と言っても意味がありません（ただし言わないよりはマシですが……）。そうではなくて、心から感じているかどうかが重要です。

## 〝どんな自分でありたいか〟を思い出す

「じゃあどうすればいいのよ！」という声が聞こえてきそうなので、とっておきの秘策をお伝えします。

それが……

〝乗っかる〟です。

まずは、うわべだけでいいのでやってみましょう。

たとえば、クイズ番組で夫が正解したら、「あなたって本当に頭いいよね！」とか、お子さんに向かって「パパは超もの知りなんだよ！」とか……。

「時間があったらあったで大変だなー」と嫌みを言われたら、「そうなのよ！　こんなに時間があるのは、あなたのおかげ」とか……。

夫を認める発言をしてみてください。たぶん、上機嫌になるので（笑）。

自慢をやめさせたり、嫌みな発言をやめさせたりすることが重要なのではありません（できますが、難易度が高いです）。

そうではなく、〝自分が楽しむ〟ことが重要になります。

なかには「私は乗っかりたくありません！」「楽しむなんて無理！」という人もいるでしょう。そういう場合は、こう考えてみてください。

あなたはどんな自分でありたいのか？

相手の言葉をネガティブに受け取り、ピリピリ、イライラする自分？

それとも、相手の言葉に乗っかり、楽しむ自分？

どちらが、あなたのなりたい自分でしょうか。

そして5年後、それぞれのあなたは、どんな家庭を作っているでしょうか？

そしてどちらの家庭があなたの理想でしょうか？

〝相手に変わって欲しい〟〝相手を変えたい〟という気持ちは痛いほどわかります。ですが、相手が間違っているという前提だと話し合いにはなりません。ほぼ確実に夫婦ゲンカに発展します。

乗っかるだけでも効果は絶大なので、ぜひ試してみてください。夫のためではなく、自分が作りたい家庭を自分で作るために。

ザビエル語録

夫は妻に認めて欲しいだけ。
手のひらで転がし、コントロールしろ

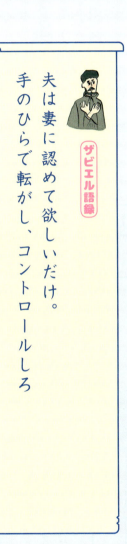

絶望 8

# 段取りが下手な夫

KEYWORD

・要領が悪い
・時間の使い方が下手
・行き当たりばったり

段取りが下手な夫ってイライラしますよね。最高レベルの段取りを求めているつもりがなくても

「いいかげんにしてよ！　どんだけ適当なのよ」

と思うこと、多々あると思います。きっとぼくの妻も、昔はそう思っていたでしょう。思い当たる節がたくさんあります（笑）。

夫はなぜ段取りが下手なのか？　どうすれば段取り上手になるのか？　ここについて説明していきたいと思います。

## 段取り下手は、長所かもしれない

段取りが悪いというのは、〝考えるよりも行動に移すのが先〟ということです。これは男性の特徴かもしれませんね。

もし段取りの悪さに対して、注意したり指摘したり怒ったりばかりしていたら、夫は妻に何かをしてあげたいという気持ちが薄れていくでしょう。

そして、夫婦関係は悪くなり、仮面夫婦や冷たい家庭になってしまうかもしれません。

たしかに悪い側面を見れば、〝段取りが悪い〟〝行き当たりばったり〟と感じるかもしれませんが、逆に良い側面を見れば〝行動力がある〟〝決断が早い〟と言えると思いませんか？

どんなことにも良い面と悪い面があるのです。

## それでも夫にイライラするなら

では、段取りの悪い夫へはどう対処すればいいのでしょうか？　まず大切なのが、夫の思いに気づくことです。

たしかに結果は、妻が望むものではなかったかもしれません。ですがそんな結果よりも、妻を喜ばせようと思ってくれた気持ちを、大切にしたくありませんか？

もちろん、「気持ちよりも結果ですよ！」と思われる人もいるでしょう。

でも、ここで真剣に考えて欲しいことがあります。

それは前項でもお伝えした、あなたはどんな自分でありたいのか？　ということです。

たとえば、

**＊結果ではなく、夫（他者）の思いや気持ちに気づき、心から感謝できるあなた。**

**＊目の前の結果だけを重視するあなた。**

どちらのあなたにもなれるなら、あなたはどちらのあなたが〝好き〟ですか？

そして、どちらのあなたが、あなたの理想とする人生を歩みそうですか？

これは決して夫のためではなく、あなたがどんな人生を歩みたいのかということです。

その人生を歩んでいる自分はどんな自分でしょうか？

ここをぜひ、考えてみてください。

ザビエル語録

段取り下手も、かわいく思えたら、こっちの勝ち

絶望 9

# 予定を覚えない夫

KEYWORD

- 計画どおりに進まない
- 記念日を忘れる

## あなたの前提条件を変える

「夫がまったく予定を覚えないんです……」

「休日の予定は、全然計画どおりに進まなくて……」

多くの妻が、一度は経験したことがあるのではないでしょうか。実際、この本のために実施したアンケートでとても多かった声のひとつです。

そもそも夫は予定を覚える気がないのでは……、と疑いたくなりますよね。

ですが、このように思っていると、「私のことなんて、どうでもいいと思っているんだわ！　バカにしてる！」と感じてしまうかもしれません。これは非常にもったいない話。

まずはこの〝夫は予定を覚える気がない〟という前提条件を変える必要があります。そうしないと、毎回「いいかげん覚えてよ」「何度言ったらわかるの？」なんてことを言ってしまい、夫婦関係が悪くなりかねません。

ではどんな前提条件に変えるのか？
それは「この人は予定を覚えられない人だ」に変えるのです。〝覚える気がない〟ではなく、〝覚えられない〟。そうすると、考える視点が変わってきます。

## どうしたら予定を覚えるのか？

予定を覚えられないとしたら、覚えるにはどうすればいいのか？　と考えてみると、

＊ **前日に言えば、覚える確率が高そう！**

＊ **LINEやメールで伝えておけば、覚えておくみたい。**

などということがわかってきます。

〝どういう方法を使えば、夫は予定を覚えるのか〟を知ろうとする。これが大事なのです。
なので、ぜひ「予定を覚えるのは当たり前！」ではなく、どうやったら覚えていられるのか、いろいろなことを試してみてください。

「なぜ私が試行錯誤しなくちゃいけないの？」と思うかもしれません。そんな努力はし

たくないと思うのなら、しなくてもいいでしょう。

ただ、この問題を解決するにはふたつしか方法はありません。

ひとつは、夫に無理やり覚えさせる。

もうひとつは、夫が覚えやすい方法を探す。

どちらを選択するかで、これからの夫婦関係や人生そのものも変わってきます。

あなたにとってハッピーにつながりそうなのはどちらの選択か？　ぜひ、慎重に選んでみてくださいね。

ザビエル語録

「○○して当たり前！」ではなく、「○○ができないとしたら」という視点で考えよ

絶望10

# 外面がいい夫

ハハハ、料理が趣味なんですよ
ジュ〜
奥さんは幸せね！
家で料理なんかしたことないじゃん
レディファーストでどうぞ〜
わぁ〜
やさしいご主人ですね〜
みんなでかくれんぼだ!!
ご主人、子ども好きなんですね〜
はぁ
家では子どもとまったく遊ばないくせに
めっちゃ疲れた！何も食べてないから何か作ってくんない？
ほんっと外面だけいいんだから！

KEYWORD

- 外でかっこつける
- イクメンぶる
- 育児のいいとこ取り

## 〝外面がいい夫〟に仕向けているかもしれない

外面がいい人は〝人に嫌われたくない〟〝人に認められたい〟などの思いが、強い可能性があります。

これはすなわち夫自身が、家庭で認められていない……と感じているのかもしれません。

ここで一度考えて欲しいことがあります。

家庭では夫にどのように話しかけていますか？

夫が家事や育児を手伝ったとしても、その出来栄えに対して文句を言ったり、ダメなところを指摘したりしていませんか？

これを繰り返していると、結局夫は「何をどうすればいいかわからない」「何を手伝っても文句を言われる」と感じてしまいます。

そうなると当然ですが、夫はどんどん手伝わなくなっていきます。

あなたもそうではありませんか？　たとえば、気を利かせて、会社の同僚にお茶をいれてあげたら、返ってきた言葉が「お茶のいれ方雑だね」だったとか、洗面所を掃除したら、

「床が水で濡れてたよ?」なんて言われたら、やる気がなくなりますよね。

また、「イクメンぶる夫にイライラする」という意見がアンケート結果にありました。

このタイプの夫も性質的には同じです。

外でイクメンぶるということは、事態に気づける素質はある可能性が高いです。なので、その部分を大いに活用すれば、本物のイクメンの夫ができ上がります。ぜひ以下を参考に、イクメン夫に大変身させてください。

## “外面がいい”を利用する

外面がいい人というのは、そもそもいろんなことに気づける人でもあると思います。

その気づける部分をどう活かすかは妻にかかっているかもしれません。

もし、やる気にさせて、「家事や育児をガッツリ手伝わせたい!」と思うのであれば、外面がいい場面に出くわしたら、次のステップで対応してみてください。

### STEP1 乗っかる

**STEP2** **思いっきり褒める**

**STEP3** **そして、家でも同じようにして欲しいとお願いする**

次に大切なのが〝どれだけやったか、どこまでやったか〟ばかりを見るのではなく、〝手伝おうとしてる思い〟に意識を向けること。

不器用なりにも、わからないなりにも、あなたを助けようとがんばっているかもしれないわけです。やる気をそぐのも、やる気にさせるのも妻次第。

そこに気づけると、おたがいを大切にする夫婦になりますよ。

**ザビエル語録**

外面がいい夫には、その場で乗っかって褒める。
すると家庭でも歯車がまわり出す

絶望 11

# 文句ばかり言う夫

KEYWORD

- 嫌みばかり
- 暴言
- 口が悪い

## 言動を注意しても直らない

四コマに登場している夫の態度や言葉、それ自体はよくないかもしれません。

ですが、その言葉を正そうとすればするほど、夫はもっと強い口調になるでしょう。

それを変えたいのであれば、

**STEP1　夫の気持ちを汲んだうえで乗っかる**

**STEP2　子どもへの影響を大げさに伝える**

このふたつのステップで対応することをおすすめします。くわしく見ていきましょう。

**STEP1　夫の気持ちを汲んだうえで乗っかる**

レストランでフォークが準備されていないことにイラッとすること、運転中に危ないと思うこと、いきなりお年寄りが飛び出してきて怒りを感じること。

この気持ちはあなたも理解できませんか？

あなたが運転していたとして、口に出して言わないにしても、「危ないなあ！」「いきなり出てきて、ひいたらどうするのよ！」と思うことはありますよね？

まずは、夫のこの気持ちを汲んでみてください。


たとえば、四コマの例でいうと、「あの車！　なめた運転しやがって！」と夫が言ったら、

**「そうだよね！　危ないよね！」**とまずは、乗っかってみるのです。

その後で
**「我が家の運転手は、そんな非常識なことしないもんね。ほんと運転上手で助かるわ」**

などと言ってみると、夫は慎重に運転するかもしれません。

「ばあさん、ひいちまうぞ！」と言ったら
**「そうだよ、おばあちゃん！　ひかれたら、家族が泣いちゃうよ！　危ないよ」**
と乗っかってみる。
その後で
**「あなたって本当にやさしいよね。だって本当にひかないんだもん！（笑）」**
と言えば、笑いに変わるかもしれません。

ここで大切なのは、相手の言葉を真に受けすぎないということです。

そして、すべてを夫の人格肯定につなげると、夫と過ごす時間が楽しくなり、あなたとの関係も当然よいものになりやすいのです。

## STEP2 子どもへの影響を大げさに伝える

そうは言っても、子どもがそんな言葉を使い始めたら心配ですよね。そういうときは、多少大げさに伝えてみましょう。

「ひくぞー！」と友達に言っていたとしたら……

「この間あの子、◯◯ちゃんに向かって『ひくぞー！　痛い目見ろ！』って言ってたのよ。で、『どうしてそんなこと言うの！』って聞いたら、『パパも言ってるじゃん』って……。私、それ以上何も言えなくて。どうしたらいいと思う？」

という感じで夫に相談してみると、本人もハッと気づき、言動に気をつけてくれるかもしれません。もちろん、「１００%改善します！」っていうわけではないんですが。

このとき重要なのは、子どもがそんな言葉を使うようになったのは、夫が原因であるかのように遠回しに言うことです。

「子どもが真似するからやめて！」という直接的な表現はグッとこらえましょう。子どもがこんな言葉遣いをするのはあなたのせいと、責めた空気になるからです。

「悪い言葉を子どもに使わせたい」という親は少ないと思いますので、自分の行動や発言に意識を向けるようになるでしょう。

ぜひお試しあれ！

**ザビエル語録**

**夫の発言を真に受けない。文句を笑いに変えれば、行動も変わる**

口は悪いけど、
本当はやさしいの知ってるよ
おいおい(笑)
フフ
でも子どものためにも
今度から気をつけなきゃな〜

絶望 12

# 自分の親だけを大切にする夫

KEYWORD

- 自分の親と妻の親で差をつける
- 妻の家族の悪口を言う

自分の親や親戚のことばかりを大事にして、妻側の家族を軽んじている夫の話をよく聞きます。

「あなたは自分の実家のことばかり！　あなたの親の面倒なんかみないからね」

などと言いたい気持ちもわかります。

ですが、残念ながらこんなことを言い始めると、夫婦関係は悪化していくので気をつけてくださいね。

それではどうすればいいのでしょうか？

## 全部自分に返ってくる法則

エネルギーは、良いもの・悪いもの、どちらも循環しています。

このエネルギー循環の法則に従うと、夫が妻の両親を大切にしないのは、「妻が、妻の両親に夫のことをどう伝えているのか？」に原因があると考えられます。

たとえば、A子さん、B子さんというふたりの妻がいたとして、自分の親に

**A子さん**「うちの夫はすごくいい人で、頼りになるんだよ」

**B子さん**「うちの夫は家事も育児も手伝わなくて、最悪なのよ！」

ということを、何回も親に伝えていたとしたら、それぞれの両親は、夫のことをどう思うでしょうか？

当然ですが、A子さんの親は夫に対する印象が良くなり、B子さんの親は夫に対する印象が悪くなる可能性が大きいですね。

後日、夫が妻の実家に一緒に行ったとします。そのとき、A子さん、B子さんの両親はそれぞれの夫に対して、どんな対応をするでしょうか？

きっと、A子さんの両親は、夫を心から大切にもてなすでしょう。

一方、B子さんの両親は、夫を大切にするかもしれませんが、心の中でよく思っていないことが、表情や態度に表れやすくなります。

すると当然ですが、A子さんの夫は、A子さんの両親を大切にしようとするでしょう。

一方B子さんの夫は、B子さんの両親を大切にしたいとは思いにくいでしょう。

たしかにB子さんは、両親に事実を伝えているのかもしれません。ですが残念ながら、

B子さんの思い（エネルギー）は回り回って、自分に返ってきます。

A子さんも同じです。A子さんの思い（エネルギー）も回り回って、自分に戻ってきたわけです。これがエネルギー循環の法則です。

これは良い悪いという話ではなく、もし夫が、自分の両親を大事にしてくれないと感じたとしたら、自分がその種を蒔《ま》いているかもしれないということです。

なので、自分の親を大切にして欲しいなら、夫を大切にすること。

そして両親には、夫からの気遣いや大切にされている部分を見つけて、そのことを伝えてみてください。

**ザビエル語録**

〝夫に大切にされている〟ことを両親に伝えよ。
それがいずれ自分に返ってくる

絶望13

# 味方をしてくれない夫

KEYWORD

・他人事のよう
・母親の肩ばかりもつ

## 夫は妻と義母の関係性を理解していないかも？

「夫がいつも姑の味方をして、私のことはわかろうとしてくれないんです！」

こういう相談もよくいただきます。腹が立ちますよね。いつの時代も嫁姑は難しい関係性です。

こっちは気を使って我慢しているのに、わかってくれない。もう姑とは話もしたくないし、夫の対応にもガッカリ！　と感じている人もいるでしょう。


では、どうして夫は妻の味方にならないのでしょうか？


それはすごく単純で、夫が気づいていない可能性が高いのです。

何に気づいていないのかというと、この四コマに登場した夫の例でいうと、母親の言葉を妻がどう受け取っているのか？

母親の言葉でなぜ傷つくのか？

がまったくと言っていいほど理解できていないということです。

「まさか（笑）。あんなこと言われているのを聞いて、気づかないわけないでしょ」

と思うかもしれませんが、これ本当の話です。

ただし、だからと言って感情的になって、

「いつもあなたは私の味方をしてくれないね」

「あなただけは私の味方でいて欲しかった」

などと言ってしまうと、今度は夫の中で〝妻は母親を嫌っている〟と認識し始めます。

そうなると、妻と夫の関係や母親の状況にもよりますが、もし母親が弱い立場（ひとり暮らしだったり、金銭的余裕がなかったり）にいれば、夫は母親の味方になってしまうかもしれません。

繰り返しますが、夫は、母親と妻の間で何が起きているのか、まるでわかっていません。

そんな中で、自分の母親の文句を言われれば、当然、妻の印象は悪くなります。

これではあなたの立場が悪くなるだけです。

## 義母の悪口を言うと、あなたの立場だけが悪くなる

ではどうすれば、夫は妻の味方をするようになるのでしょうか？

ここでは、ふたつのステップで攻略していきましょう！

### STEP1 義母の言葉の奥にある心を汲む

夫に〝母親からの言葉で、自分がどれだけ傷ついたか〟という話をする前に、まずはあなたの心を落ち着かせることが重要です。

それから、次のように義母の言葉を紐《ひも》解いてみてください。

義母は、あなたを苦しめるために、悲しませるために、わざと言ったのでしょうか？

もしかしたら、心配ごととして話しているかもしれません。

ただ単純に、自分の思いを伝えているだけかもしれません（デリカシーのあるなしは置いておいて）。

本当に義母はあなたの敵なのか？
ここをまずは考えてみて欲しいのです。

## STEP 2 あなたの気持ちを夫に伝える

次にあなたの思いを夫だけにこっそり伝えてみてください。
ここでも3心《さんしん》セットを試してみましょう。

1 **あなたがやって欲しいこと** ＝お義母さんから○○の話を切り出されたら、かばって欲しい。
2 **あなたがやって欲しい理由** ＝私も気にしていて、言われるとつらいから。
3 **やってもらったときのあなたの気持ち** ＝すごく助かるし、嬉しい。

この3つをセットにして夫に伝えると、スムーズに行動してもらいやすくなります。

〝妊娠の話をされると、妻は傷つく〟〝仕事の話をされると、妻はストレスを感じる〟という事前情報があれば、夫はあなたのかばって欲しい電波を受信して、対応してくれるでしょう。それくらい夫は単純なのですよ。

サビエル語録

夫は敵も味方もわかってない。
だから愚痴を言うだけ、あなたが損をする

絶望14

# 敵対してくる夫

KEYWORD

- 妻を敵のように扱う
- 妻をライバル視する
- ケンカを売ってくる

敵対してくる夫とは、どんな夫でしょうか？

夫と妻が、同級生である。同じ会社に勤めている。同じ職種に就いている。同じレベルの業務をこなしているなど、比較しやすい立場にある場合に起こりやすい事例です。

夫は妻を同等と認めている反面、負けたくない！　という意識があるのでしょう。

たとえばデザイナー同士の夫婦の場合。

「俺のほうが売れたデザインを手がけた」

「私のほうが有名なクライアントと仕事している」

こんなふうにライバルになったりするようです。

たしかに夫婦でこんな会話になるのは楽しくないですし、夫婦関係も良好になっていく感じはしませんよね。

ではどうすれば、敵対せずに夫婦円満になれるのでしょうか。

## あなた自身が夫の敵になっている？

敵対する夫婦というのは、これまでどんな会話をしてきたのか？　が大きく関係しています。

そのため、ここで思い出して欲しいことがあります。


ふたりはどんな会話をしてきたのか？

ライバル関係になるような会話をしてきたのか？

おたがいプライドが高く、相手を認めないような会話だったのか？


振り返ってみると、そもそもあなたも夫の敵になっていませんか？

敵対心が芽生えると、最初のうちは「妻から認められたい！」という思いから、仕事をがんばったり、転職したり、夫はいろんな取り組みをするかもしれません。

ですが、それでも妻に認められないと、「妻から認められたい！」という思いは失せてしまい、「もうどうでもいい」と思い始めます。

そうして、仕事をあっさり辞めてしまったり、お金の使い方がおかしくなったり、借金を平気でするようになったりすることがあります。

最初はよきライバルだと思っていたけど、だんだん本当の敵だと感じてしまう。その結果、最悪の場合、夫自身や敵である妻、またはふたりで作ってきたものを壊す方向に力が働いてしまうというわけです。

## 何で心を満たしている？　お金？　ステータス？

〝相手を認めればいい〟というのは、あなたもなんとなく気づいているかもしれません。

ですが、同級生で昔からのつき合いとか、同じ業界、同じ職種の仕事でプライドが邪魔をしてしまうという場合。

そういう場合に重要なのが、自分を認めるということ。

敵対する場合、物質的なものやステータス的なもので自分を満たしていませんでしたか？　たとえばお金や役職ですね。

そこでぼくは〝何かがなくても自分を満たす〟ことが重要だとお伝えしています。

要は、何をもっているか、もっていないか？　という物質的なものではなく、どんな感情を抱くのか？　ということに重きを置くのです。

先ほどのデザイナー同士の夫婦の会話を例にするなら

「俺のデザインで多くの人を明るい気持ちにすることができて、**嬉しい**」

「私はクライアントから多くのことを学べて、**楽しかった**」

こんな感じでしょうか。物質的、ステータス的なことではなく、感情に焦点を合わせているのがわかりますね。


物質的なものに価値を置くと、足りない部分に目が行き、自分のほうがレベルが高い（低い）、と比較してしまうのです。

その結果、人よりも、もっと多く、もっと価値あるものを、もっと高価なものを、と思い始めます。

もちろん、この考え方がダメだという話ではありません。

ですが、この欲求が強すぎると、自分や相手への要求も高くなってしまい、〝認める〟ことや〝感謝〟よりも、〝足りない〟ことに目が向きやすくなるわけです（特に近しい人になればなるほど）。

感謝に目を向け自分を満たすためには、目の前のハッピーなもの、恵まれていることを探すほうが有効です。探してみると、自分のまわりにはたくさんのものがあったことに気づくことができます。

では、どうすれば目の前のハッピーなもの、恵まれていることを探すことができるのか？　それは次の質問に答えればいいだけです。

24時間以内にあった嬉しいこと、楽しいこと、感謝できることは何でしょうか？

まずは3日間だけでいいので試してみてください。

あなたが気づかなかった、すばらしいものを見つけられるようになりますよ！

ザビエル語録

〝足りないもの〟ではなく〝すでにあるもの〟にいかに気づけるか。それが凍った夫の心を解かす

絶望15

# 話が合わない夫

KEYWORD

- 話していても楽しくない
- 昔は話が合った
- 無視状態

## 夫のことをどれだけ知っているか

夫と話していると疲れる、話に進展がない、同じことを何度もたずねてくる、もう話すのが面倒になってきた……、こう感じている妻も多いのではないでしょうか？

ひょっとしたら、話が合わないのは、夫に対する興味関心が薄れているからかもしれません。

夫婦が円満になるためには、〝相手をどれだけ知っているかが重要〟だと考えています。

そのためぼくの場合は、妻のまわりで起きていることや、妻の人間関係、どんな人とどんなことを話しているのかなど、ほぼすべてを知っています。

なぜなら、それらもすべて妻を知るヒントになるからです。

そもそも、相手のことがわからなかったら〝なぜ怒るのか？　なぜ喜ぶのか？　なぜ悲しむのか？　何が嬉しいのか？〟こういうことがわかるはずがありません。

だから、ぼくは妻を知りたくて、妻のまわりのことを聞くわけです。

# 興味関心はしぜんと湧くものではない

ぼくが興味をもって妻の話を聞けば、妻はどんどん話してくれるようになります。だから、妻の職場でどんな事が起きていて、誰と仲良しで、どんな会話をしているのか、どんな感情を抱いているのかを知っています。

ぼく自身、妻のまわりのことが気になっているので、「（職場の）〇〇さんの□□の件って結局どうなったの？」とぼくからも妻に話しかけます。妻は「待ってました！」と言わんばかりに、「実はね……」という感じで会話が続いていきます。

まったく別の仕事をしていますが、おたがい共通認識の話題が多いので、話がかみ合わないということはほぼ起こりません。

つき合っていた頃は、「相手のすべてを知りたい！」と思えるほど興味関心があったと思います。

興味関心があれば、相手の話を覚えています。

似たような話があれば、覚えている話が広がっていくので、楽しくなります。そうなると、話がかみ合わないなんてことは起こりにくいわけです。

## 〝相手を知らない〟という不幸

逆に、相手を知らないと何が起こるでしょうか？

たとえば、夫に何かプレゼントを渡したり、料理を作ったりしても、喜んでくれる可能性は低いです。

なぜなら夫が、どういう料理（肉？　魚？　濃い味？　薄味？　甘い系？　サラダ？）を食べたいのか。今はどんなプレゼントなら嬉しいのか、ということを妻がわかっていないからです。

わかっていないから、妻なりに一生懸命考えて、プレゼントしたり、料理を作ったりするのかもしれません。

でも残念ながら夫は「夫の食べたいもの」「夫が欲しいもの」でなければ喜ばないわけです（喜んでいるのであれば、妻の思いを受け取れる夫かもしれません）。

そして、喜ばない夫を見て妻はイライラして、怒りをため込んで、どこかで爆発してしまう。

そもそも、相手のことを知ろうとせず、自分の勝手な判断にもかかわらず……。

これはある意味、「私が作る料理も、プレゼントも、あなたの気に入らないものでも、何でも喜べ」と言っているようなものです。

つき合っていた頃や新婚さんなら、我慢できるかもしれませんが、これが何年も繰り返されたとしたら、どんな家庭になっているでしょうか？

それでも

「いや、私は夫に興味はありません」

「夫のことなど知りたくありません」

と思われるのであれば、それでもいいでしょう。

あと数十年も一緒に過ごす相手です。あなたがどうかかわるかは、あなたが決めることができます。

ですが、興味をもって夫の話を聞いてみると、これまで知らなかった夫を知ることができ、面白い部分や、尊敬できる部分、気遣いややさしさなど、いろいろな面が見えてきます。

そこが見えてくると、きっとあなた自身の人生が豊かになると思いますよ。

ザビエル語録

あなたが夫に興味をもたない限り、夫との会話はかみ合わない

絶望16

# 仕事で帰りが遅い夫

KEYWORD

・帰宅時間について話すと嫌な顔をされる

夫はいつも帰りが
遅いんです
仕事が大変みたい
終電なんて
当たり前だし、
顔を合わせない日も
多いんですよ
寝室も別々に
なりました…
夕食は
ひとりきり
最初は寂し
かったけど、
もう慣れました
早く帰ってきて
欲しいって言うと
面倒な顔
をされるから
もうやめました
ムリ!!
最近は、
私がいなくても
夫は大丈夫
なのかも
しれないって
思う日が
増えました
なんだか
泣けて
きますね(笑)
フッ

夫の帰りが遅くなるパターンは、大きく分けて2種類あると思います。

ひとつは「家族のために」と考えているとき。

もうひとつは「家に帰りたくない！」と思っているときです。

それでは、ひとつずつ説明していきますね。

## 家族のために帰宅が遅い場合

夫婦関係は悪くないけれど、仕事で遅くなっているのであれば、単純に家族のためにがんばっている可能性が高いです。

「家族をもっと幸せにしたい」

「もっとラクをさせたい」

「もっといい生活をさせてあげたい」

という思いから仕事をがんばりすぎて、帰りが遅いのかもしれません。

ただし、もしあなたが寂しく感じて、なんとなくモヤモヤする場合は、少しだけ注意が必要です。なぜなら、夫が仕事をがんばるのは、妻とのお金に関する会話が原因になっている場合もあるからです。

たとえば、

「今月もお金が足りない」

「もっと給料は上がらないの？」

「私もパートに出ないとやっていけない」

とか……、このような発言をしたことはありませんか？

もし言っていたとしたら、この言葉がきっかけで、夫はもっとがんばらないと！　と思っているかもしれないからです。

## 足りないことを伝えるのは無意味

次に、今の給料でもいかにありがたいか、どれだけ自分は幸せなのか、ここをあらためて考えてみてください。

夫の給料でどれだけ助かっているのか。これを伝えているでしょうか？　たしかに今の夫の給料は多くはないかもしれない。でも稼ぎがないよりは格段によいはずです。

感謝よりも、足りないことばかりを伝えていませんか？　このバランスが崩れると、夫はストレスを感じ始めます。

夫にストレスを与えてまでお金を稼がせたいのであれば、それでもいいでしょう。ですが、行き着く先はお金に関するケンカばかりで、夫婦関係は確実に破綻します。

だからこそ〝足りない〟ではなく〝足りている〟と伝えることが重要になります。

お金はあるにこしたことはありません。ですが、お金が原因で夫婦関係が壊れるとしたら、それはあなたが望んだものでしょうか？

収入や貯蓄が増えることと、夫の笑顔が増えることとでは、どちらがあなたにとって幸せでしょうか？　これを今一度考えてみてください。

## 帰りたくないから、帰宅が遅い場合

夫婦関係があまりよくなくて会話がほとんどないとか、夫婦ゲンカが多い状態で、帰りが遅いのであれば、注意が必要です。

夫は〝家は居心地が悪い〟から帰ってこないのかもしれません。

居心地が悪い状態が続くと……

**家は居心地が悪い。**

☞**家には自分の居場所がない。**

☞**もう帰りたくない。**↓居場所を与えてくれる異性が現れる

この状態で、別居、離婚、浮気、不倫が起こるのは、はっきり言ってしぜんの流れです。

実際、これはよく受ける相談のひとつで、相談者である妻の話を聞いていると、「私は夫に幸せにしてもらって当たり前」「夫がお金を稼ぐのは当然」だと思っている人が本当に多いのです。

## 〝幸せにしてもらう〟は不幸の始まり

夫が一生懸命働くことが当たり前と思っている妻は、感謝の言葉よりも「足りない」

「もっと、もっと！」と言うことが多くなります。

これでは「よし、妻のためにがんばろう！」「この人をもっと幸せにするためにがんばろう！」と思わなくなるのは、当然だと思いませんか？

家に帰っても、誰も自分を認めてくれない、やさしくされない、大切にされない……、こんなことを夫が感じていたとしましょう。

そんなときに、自分を認めてくれる、やさしくしてくれる、大切にしてくれる人が現れたとしたら、その人を魅力的に感じてしまうのも、仕方がないような気さえします（本当はよくないけれど）。

そこで関係を改善するために、やって欲しいことがあります。

それが、〝夫の存在をなくしてみる〟ということです。

たとえば、今夫がいなくなったとしたら、これから入ってくる予定の収入や、その収入のおかげで成立していたことや夫の笑顔、気遣いややさしさ、これらがすべてなくなります。

そこから夫がいてくれて、嬉しいこと、感謝できること、ありがたいことを書き出します。そしてその内容を夫に伝えます。ここが重要です。

たとえば

「子どもたちが習い事を続けられるのは、あなたのおかげ」

「あなたの寝顔を見ていると幸せを感じる」

「ふたりでいると、すごく安心する」

きっとこんなことを口に出せるはずです。

これは一度きりではなく、何度もやってください。

結局は、夫があなたと一緒にいたいと思わない限り、真の解決はしません。

やるかやらないかはあなた次第です。

**ザビエル語録**

帰宅が遅いことに執着せず、
まずはふたりの関係性を見直して

2章

# なぜ夫は、家事をやらないのか

日常生活

絶望 17

# 家事をやらない夫

KEYWORD

- 家事どころか何もしない
- 先に帰っているのに何もしない

1章では夫の性格や態度を中心にお話ししました。いかがでしたか？
「これ、うちの夫だ！」という項目もあれば「友だちの夫がまさにこれ！」という項目もあったと思います。ぜひ視点を変えるヒントにしてみてくださいね。

ここからは日常の暮らしの中で感じる、夫へのイライラを中心に解決策を見ていきましょう。

## 〝家事をやる夫〟にする秘訣

妻のほうが家事をする家庭が、圧倒的に多いと思います。ある調べでは妻の家事時間は1日7時間34分なのに対し、夫は1時間23分という調査結果（※）が出ています。この差はすさまじいです。だから家事をしない夫に妻がイラつく気持ち、痛いほどわかります。

ただし
「少しぐらい手伝ってよ」
「私はあなたの家政婦じゃないんだから」
などとは言わないでくださいね。

※6歳未満の子どもをもつ夫・妻の家事関連時間の推移（平成28年）。
「総務省統計局」（平成29年9月15日）より

その言葉は夫にストレスを与え、さらに家事をやらなくなり、最悪、夫婦関係を壊すきっかけにもなりかねません。

もし家事をやる夫になって欲しいなら、1章でもたびたび登場した心を伝える3セット（略して3心《さんしん》セット）を活用してください。

1 **あなたが夫にやって欲しいこと** ＝ お風呂掃除。
2 **あなたがやって欲しい理由** ＝ 他にもやらなきゃいけない家事があるから。
3 **やってもらったときのあなたの気持ち** ＝ すごく助かるし、嬉しい。

この3つをセットにして夫に伝えると、スムーズに行動してもらいやすくなります。

## 自ら夫が動きだす〝なりきり法〟

3心セットを伝えるにあたって重要なことがあります。

それはあなたが楽しむこと。

どう伝えれば、夫は気持ちよく動くだろうかと、相手をコントロールするつもりで楽しんでみてください。

天使風「お風呂の準備してくれたら、私が超喜んで、キスを10回してあげるらしいよ！」

女神風「洗濯物を取り込んで、たたんで片づけてくれる夫なんて、ほんっとどこにもおらんわ。そんなことをしてくれる、私のヒーローは、ア・ナ・タ・ダ・ケ」

芸人風「洗濯物やってくれたら、私のとっておきの1発ギャグ見せてあげるね！」

怒ったり嫌みを言ったりする代わりに、こんなふうに楽しんで伝えてみてください。

結局、夫を動かすには、怒り、嫌み、脅しなどの〝痛み〟を利用するか、〝快〟を活用するかのどちらかしかありません。そして、〝痛み〟を利用して動かし続けていれば、夫は〝痛み〟で動かしてくる妻と一緒にいたくないと思ってしまいます。

その結果、夫婦関係は壊れていくのです。

もし笑顔の絶えない、温かい家庭を作りたいのであれば、〝快〟で動かすことをぼくはおすすめします。

## さらに効果をあげる〝デキる上司〟作戦

もし、天使、女神、芸人になっても夫が家事をやらない場合、「なんでやってくれないの！」と怒りを爆発させたくなる気持ちはもっともなのですが、それではあなたの努力が報われません。

特に夫が「わかったよ」とか「やっておくよ」といった返事をしていたのなら、なおさら責めないほうが得策です。

夫の心の中では「やっちまった！」という罪悪感が湧いているはずです（自分がやると言ってできなかったので）。その夫の〝罪悪感〟を活かすことをおすすめします。

そういうときは

「じゃあ、これを私がやるから、こっちをお願いしていい？」

という感じで、あたかも部下が失敗したときの、デキる上司のような対応をすると、信頼関係が構築されやすくなります。

ただし、毎回〝デキる上司〟になるのは無理ですよね（笑）。忙しい毎日、家の中ぐらい感情を吐き出したい気持ちもよくわかりますし、関係が近くなればなるほど、難しいものです。

なので、自分に余裕があるときに、このデキる上司作戦を試してみてください。

これを繰り返していると、相手の反応が面白いように変化していきますよ。

ザビエル語録

人を動かすには、けなすか、褒めるかの二択しかない

絶望18

# ごはんのことばかり聞いてくる夫

KEYWORD

・ごはんをねだってくる
・寝ても覚めてもごはんのことばかり

ごはんについての妻の不満は本当によく耳にします。なかには「夫は犬ですよ。私がエサを与えなかったらどうするんでしょうね？」という声もありました……。

でも間違っても「私は飯炊きババアじゃない！」などとキレないでください。キレたところで、本当に伝えたい「私を大切にして欲しい」という思いは1ミリも伝わりません。

そのような夫にはふたつのステップで進める必要があります。

それでは、いってみましょう！

## STEP1　〝妻の解釈〟と〝夫の真意〟の違いを知る

夫が言いたいことは、本当は何なのか。それを知ろうとしてください。

大半の妻は、次のように夫の発言を変換しています。

**「俺の朝ごはんは？」** ⬇ **妻の解釈**「当然用意しているよね？　どこにあるの？」

**「おひる何～？」** ⬇ **妻の解釈**「昼食は何にするのか、考えているよね？」

**「夕飯は？　何時？」** ⬇ **妻の解釈**「あと何分でできるの？　いつもより遅いんじゃない？」

こんな感じで、自分が責められていると受け取っていませんか？

ですが残念ながら大半の夫は、そんなつもりで言っていません。夫のセリフには次のような真意が隠されています。

**「俺の朝ごはんは？」** ⬇ **夫の真意**「朝ごはんってある？ もしなければ、どうしたらいい？ あるものを食べればいいかな？ 今からちょうど作ろうと思ってる？ 買ってくる？ 何か手伝ったほうがいい？」

**「おひる何〜？」** ⬇ **夫の真意**「おひるってなんか考えてる？ もし考えてないなら、何か手伝おうか？ 買ってこようか？ それとも、一緒に買いに行く？」

**「夕飯は？ 何時？」** ⬇ **夫の真意**「何時ぐらいにできる？ 何か手伝おうか？」

夫婦関係がそれほど悪くない場合、夫はこういうつもりで言っている可能性が高いです。

では、なぜ夫は真意を伝えないのか。それは、伝えないのではなく、伝え方がわからないからです。

あなたも自分の発言や行動で、相手を怒らせてしまったり、傷つけたりしたことがありませんか。決してその人を怒らせたいわけでも、傷つけたいわけでもないのに……。

なぜ夫は自分が思っていることを表現するのが苦手なのか、ここを説明すると長くなるので割愛しますが、表現の仕方によって夫婦ゲンカになったり、仲違《なかたが》いが起こったりするわけです。

## STEP2 やって欲しいことをご機嫌に伝える

「俺の朝ごはんは？」

「おひる何～？」

「夕飯は？　何時？」

という言葉をネガティブに解釈せず、言葉の奥に隠れる夫の真意を想像してみてください。そして、夫にやって欲しいことをご機嫌に伝えてみてください。

### ＊「俺の朝ごはんは？」と言われた場合

これは自分で動こうという意思があります。「冷蔵庫に◯◯が入っているから、それ食べて～。ついでに私の分も準備してくれると助かる（笑）」でもいいですね。

**＊「おひる何～？」と言われた場合**

何にするか決まっていないのであれば、「決まってないから、一緒に買い物行こっ！」と誘ってみてもいいし、「買ってきて欲しい」と頼んでもいいでしょう。

**＊「夕飯は？　何時？」と言われた場合**

これもあなたを助けようと思って発言している可能性が高いので「食事は作るからリビングを片づけてくれると助かる！」などと伝えるといいかもしれません。

## 夫を気持ちよく動かす〝なりきり法〟

さらに、夫が勝手に動きだす方法があります。「俺の朝ごはんは？」と言われたら、「冷蔵庫に〇〇が入っているから、自分で出して、やってもらえると助かりますぅ、お代官さまぁー」

とふざけてなりきってみる方法です。ここでも楽しんでやることが重要です（⇩p．104『家事をやらない夫』）。

もしかしたら「なんで私がそこまでバカにならないといけないの?」と思うかもしれません。ですが、あなたが夫を気持ちよく動かせば動かすほど、夫は馬車馬のように、あなたに尽くし、心から大切にしてくれます。

それは、あなたが夫の味方となり、夫を支えるから。

あなたが夫を大切にすればするほど、夫はあなたを大切にしてくれます。

逆にぞんざいに扱えば扱うほど、あなたもぞんざいに扱われます。

これは覚えておいてくださいね。

ザビエル語録

「ごはんは?」のひと言にも、
夫の真意が込められている

絶望19

# 家事の大変さに理解がない夫

KEYWORD

・家事を軽視する心ないひとこと
・家事を添削する

105ページでもふれましたが、多くの家庭で未だに妻のほうが多くの家事を担当しています。ぼくも実際に家事をしていますが、本当に大変な作業です。

にもかかわらず、「いつもよりキレイじゃないね」「ここホコリたまってるよ?」などと家事を添削する夫や、「専業主婦だからラクでしょ?」なんて嫌みを言う夫もいる始末。

一生懸命がんばっているのに、そんなことを言われるのはつらいですよね。

ではどうすれば、家事を自分もやるべきものと考えるようになり、妻がやってくれたときは、あなたを気遣ったり感謝してくれたりするようになるのでしょうか?

次のふたつのステップで対応してみましょう!

## STEP1 〝理解してもらえない〟を理解せよ

あなたのやっていることがどれだけ大変かは、夫が体験しないとわかりません。

夫が、どんな仕事をしていて、仕事のどんな部分にストレスや不安、つらさ、楽しさを感じ、達成感を覚えるのか。どんな人間関係でいったい何が起こっているのか。あなたがそれらを理解できないのと同じです。

理解してもらえないことを、まずは理解してください。

また、無理に理解させようと、夫の家事や行動に対して、ダメ出しや指摘をしていませんか？　妻からいつも否定的な指摘をされていると、今度は、夫は妻のミスを探し始めます。「そんな偉そうに言うわりに、できてないじゃないか！」とばかりに、自分がやらないくせに添削してくるのです。

では、どうすればいいのでしょうか？　それが次のステップになります。

## STEP2 欲しい言葉をたらふく与えろ

あなたが欲しいのは、〝大変さをわかってもらう〟ことではなく、「大変だね」「お疲れさま」「いつもありがとう」というねぎらいの言葉や、家事分担という具体的な行動ではないでしょうか？

もしそうなら、逆にあなたに聞きたいことがあります。

ねぎらいの言葉を夫にかけているでしょうか？

または、そのねぎらいを行動で示しているでしょうか？

あなたが「私だって忙しい。あなたは何もわかってくれないね」などと嫌みを言えば、その言葉はそのままあなたに返ってきます。「俺だってやってるだろ！」「自分のことばかりかよ！」といった具合に……。

ではどうすればいいのかというと、たびたびお伝えしていますが、あなたが夫を大切にすればいいのです。ぞんざいに扱うと、ぞんざいに扱われます。

すなわち、夫の大変さをわかろうとし、ねぎらいの言葉をたらふく与えれば、あなたの欲しい言葉を、夫はたらふく言ってくれるようになるのです。

ザビエル語録

家事が大変なことを理解させようとすればするほど
夫は理解を放棄する

絶望20

# 妻の体調が悪いときに配慮がない夫

KEYWORD

- 気遣いの言葉がない
- 自己責任のように扱われる

## 思いやりの表現は人それぞれ

元気なときなら我慢できることも、体調が悪いと許せなくなることもありますよね。

「体調を崩したとき、夫の思いやりを感じられなかった」

これは妻の不満の上位に入るでしょう。しかも苦しんでいるときに起きたネガティブなことは、ずっと覚えているものです。ではどうしたらいいのでしょうか？

ここで大切なのは、おたがいの違いを理解することです。これを理解できないと、起きた出来事に悪い意味づけをして、夫のことがどんどん嫌いになってしまいます。

ということで、次のふたつのステップでいってみましょう！

### STEP1　人による違いを知る

まず、「病気のときにこうして欲しい！　こんな対応をして欲しい！」と思っていることが、夫とあなたとでは異なる可能性があります。

たとえば、夫は体調が悪いとき、静かに寝かせて欲しいのかもしれない。夫は体調が悪くてもやり過ごせるタイプなのかもしれない。そうすると、あなたに対しても静かに寝かせてあげようとか、構わないであげようという行動をとる可能性があります。我慢してしまうタイプなら、それぐらい大丈夫だろう？　という対応をするかもしれません。夫は決してあなたを苦しめようとか悲しませようという意図はなく、自分だったらこうして欲しいことを表現しているだけなのです。この違いを覚えておいてください。

また、「体調不良は自己責任だ！」とか「俺のほうがつらかった！」という夫の場合も、その発言の理由があります。

たとえば「体調不良は自己責任だ！」という夫は、かつて妻からそのような言葉を言われたことがある、または、そのように育てられてきた可能性があります。

「俺のほうがつらかった！」という場合は、妻から「たいしたことないんじゃない？」「毎日遅くまで起きているからでしょう」「自業自得！」なんて言われたことがあるかもしれません。心当たりはありませんか？

STEP 2　**体調が悪いときにして欲しいことを伝える**

おたがいの〝して欲しいこと〟の違いを知ったら、次は3心《さんしん》セットを試してみてください。

1 **あなたがやって欲しいこと**＝体調が悪いときは、私のごはんも準備して欲しい。

2 **あなたがやって欲しい理由**＝体調が悪いときは、台所に立てなくなるから。

3 **やってもらったときのあなたの気持ち**＝大切にされているなあ、嬉しいなあって感じる。

この3つをセットにして夫に伝えると、あなたがやって欲しいことを夫にスムーズに行動してもらいやすくなりますよ。

**ザビエル語録**

夫には悪気がない。
自分なりの気遣いを体現しているだけ

絶望 21

# 体調不良のとき、つらいアピールする夫

KEYWORD

- つらいアピールをするくせに病院へ行かない
- 構って欲しがる
- 看病を要求

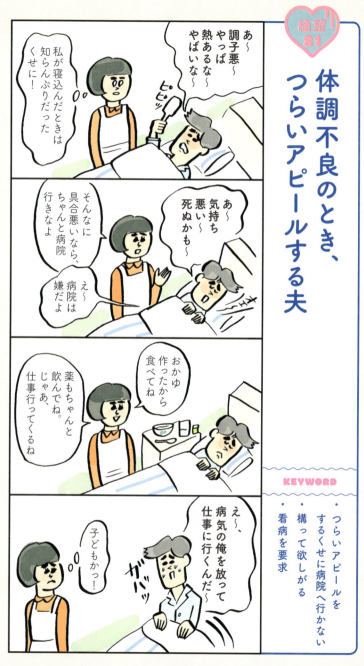

## すべての人間はやさしくされたい

あなたを含め、すべての人は、認めて欲しい、いたわって欲しい、やさしくして欲しいという思いを抱いています。

もちろん、あなたの夫も。

特に体調が悪いときや、状態がよくないときはよりいっそう、その思いは強くなりますよね。

そんな相手に、あなたはどんな対応をすればいいのでしょうか？

「何言ってんの！　私のときはやさしくしてくれなかったくせに」と思い、冷たくするほうがいいでしょうか？

もちろん、どんな対応を選んでも、すべてあなたにとっては正解なので、何も問題はありません。

笑顔であふれ、温かい家庭を作りたいのであれば、ひとつの選択肢を選ぶほかないのですが、比較できるようにふたつの選択肢があると仮定しますね。

ひとつは、夫にやさしくされるまで待つという選択肢。

要は、「夫にやさしくするのは、私が夫にやさしくされてから!」とかたくなに待つことです。

この選択でもいいのですが……、残念ながら夫からやさしくされることは一生ないかもしれません。それでもいいのであれば、待ち続けてみてください。

もうひとつは、夫が欲しいものを先にたっぷり与えるという選択肢。

欲しいものを与え続けたら……、夫はあなたに対して冷たい態度になったり、つらく当たったりするでしょうか?

もちろん、「私はやさしくしたんだから、あなたもやさしくしてよね!」という発言はやめておいたほうがいいでしょう。なぜなら、その言葉を発することで、あなたがやってきたことはすべて泡となって消えるからです。

自分が与えてもらうがためにやったことだと、夫に誤った認識をさせてしまう可能性があります。

そうではなく、あなたは幸せな家庭を作りたいだけだと思います。あなただけが幸せになり、「相手を不幸にしてやる!」という思考ではないですよね。

なので、絶対にこのことは秘密にしてください(「与えたんだから、あなたも与えなさい!」っていうのは、言葉で言ってはいけないということです)。

夫には、夫が求めていることを120%以上与えてみてください。そうすると、夫も妻に与えてくれます。

もしそれでも与えてもらえない場合は、こそっと、「私が体調を崩したときもお願いね」と言ってみてください。きっと夫なりにあなたを大切にしてくれます。

ザビエル語録

**つらいアピールにつき合うだけで**
**あなたはすごく大切にされる**

絶望22

# 生活習慣に配慮のない夫

KEYWORD

- 声が大きい
- 生活音がうるさい
- エアコンの設定温度が異常

## 「それぐらい気づけ！」は永遠に伝わらない

夫の生活習慣に対して、「配慮がない！」とか「何をするにもうるさいのよ」とか腹を立てていたら、気をつけてください。夫は自分が悪いなんて、これっぽっちも思っていない可能性があります。

暑い、寒い、大きい、小さいなどの感じ方は人によって異なります。

そこに自分の尺度を当てはめて「気づいて当然でしょ！」と思うのは、「世界は私を中心に回っているんだから、私に合わせてよ！」と思うのと同じです。

こんなことを繰り返していたら、夫はその妻の世界で、一緒に生活することが窮屈になっていきます。

その結果、浮気、不倫に走ったり、別居、離婚という結末を迎えてしまったりするかもしれません。あなたは生活習慣を変えて欲しいと思っていただけなのに……。

これは余談ですが、結局、離婚（その他の問題も含む）というものは、一緒に生活することが窮屈になり、一緒にいたくないから起こるものです。

では、どうして一緒にいると窮屈になり、一緒にいたくないと思うのでしょうか？

それこそ「それぐらい気づけ！」という自分の尺度を、相手に求め続けた結果です。


「それぐらい気づけ！」という意識を切り替えたい人は、〝相手がいることで助かっていること〟を書き出してみましょう。それを3日間でもいいので続けてみてください。

そうすると、相手への感謝が感じられると思います。感謝を感じられると、「それぐらい気づけ！」という意識は薄れていきます。


もしかしたら、「どうして私がそんなことまでしないといけないんですか？　ただ静かに歩けばいいだけですよ？」と思うかもしれません。

ですが、よく考えてみてください。

夫に感謝できる自分と、夫に「それぐらい気づけ！」と言い続けて、家庭を壊す自分。

どちらになりたいでしょうか？

そして、そのために今から何をしますか？　なりたい自分になるために、できることを今からしてみませんか？

話を戻しましょう。

では、生活習慣で苦痛を感じているならどうしたらいいのか。それは〝相手に知ってもらう〟ことが必要なのです。

## 〝知らせる〟から始める

自分を知ってもらうには、自ら伝える必要があります。その際に、すごく大事なことがあります。それが〝自分の思い〟を〝相手の心〟に届けることです。

はっきり言って、両方（思い、心）とも目に見えません。

ですので、言葉でどれだけ伝えても、相手の心には届かない可能性があります。だからこそ、常に〝知ってもらう〟姿勢が大切になるわけです。

そのためには、ここでも3心《さんしん》セットを利用しましょう。

1 **あなたがやって欲しいこと** ＝ 深夜の帰宅時は、ドアをゆっくり閉めて欲しい。静かに歩いて欲しい。

2 **あなたがやって欲しい理由** ＝ あなたが帰って来たときの音や、歩く音で目がさめてしまう。そのまま眠れないときもあって、翌日つらい。

3 **やってもらったときのあなたの気持ち** ＝ ゆっくり眠れて、次の日も元気いっぱいで過ごせる。

こんな感じで、あなたの思いを相手の心に届ける表現をしてみましょう。

**ザビエル語録**

たかが生活習慣、されど生活習慣。
不快に感じることは、人それぞれ

3章

# なぜ夫は、育児に関心がないのか

妊娠　出産　子育て

絶望 23

# 妊娠、出産にデリカシーのない夫

KEYWORD

・つわりなどへの無理解
・妊娠、出産への無関心

さてここからは、出産や育児にまつわる夫対策についてお話ししていきますね。

それまで問題のなかった夫婦に、亀裂が入り始めるきっかけ。それが妊娠や出産です。ライフスタイルや環境が大きく変化するからでしょう。

四コマに登場する夫なんて、本当に最悪ですよね？　まぁ、ぼくが過去にしてしまったことですが（苦笑）。でもうそみたいな本当の話で、当時は全然悪気なかったんです。

## 夫は外国人である

そういう夫に妊娠や出産の大変さをわかってもらうには、まず、あなたの思いや大変さを伝える必要があります。

しかし、ただ伝えるだけではダメです。「相手はまったくわかっていない」という意識で伝えることが重要になります。

極端に言えば、夫は外国人だと思って、妊娠、出産について話してみてください。

外国の人に日本の文化を教える場合、「なんでそれぐらいのことを知らないの？」とはならないですよね。なぜなら、〝外国の人は日本の文化を知らないかもしれない〟という認識があるからです。それと同じことです。

人間同士のコミュニケーションで注意すべきことのひとつに、自分が知っていることに対して、相手も「知っていて当たり前」「わかっていて当然」と無意識に思うことがあげられます。

この思い込みがあると、相手が知らないことや理解していないことに対して、「なんでそれぐらいのことを知らないの！」と、ストレスを感じてしまうのです。

でも妻が妊娠したときに、どれだけ大変で、どんなときにどうして欲しいのか？　これを夫が理解するのは難しいでしょう。

だからこそ、〝知ってもらう〟という意識が大切になるのです。

もちろん、夫も知ろうとする努力は必要なのですが、体験できないことを知ろうとするのは難しいものです。たとえば男性の場合、家族を養わなければならないという重圧は、女性には理解しにくいかもしれません。

では、どうやって知ってもらうのかというと……、おなじみ3心《さんしん》セットを使って伝えていきます。

1 **あなたがやって欲しいこと**＝家事。

2 **あなたがやって欲しい理由**＝お風呂掃除や部屋の片づけは、しゃがむとお腹に力が入って、痛くなったり、早産になったりする心配があるから。

3 **やってもらったときのあなたの気持ち**＝あなたと私の子どもをお腹の中で大切に育てられて安心する、ありがとう。

という感じで、あなたの思いを相手の心に届ける表現をしてみましょう。

ザビエル語録

夫は妊娠も出産もできないから、苦しみを体験できない。その苦しみを教えてあげられるのはあなただけ

絶望24

# 育児、子育てに無関心の夫

KEYWORD

- 育児、子育てに非協力的
- 子どものことを知らなすぎる

「育児、子育てに関して夫が無関心なんです」とか「夫に子どもの相談すらできません！」というご相談も、多数お寄せいただきます。

夫はなぜ無関心なのか？

どうして相談にのってくれないのか？

これについては、次の3つのポイントを押さえて対応してください。

## POINT1　本当に無関心なのかを確かめる

よく〝夫は無関心〟と言われますが、本当に無関心なのでしょうか？

もしかしたら、かかわろうとしない夫に対して、あなたが無関心と思っているだけかもしれません。

本当は、夫はどうしたいのか？

子どもに対してどう思っているのか？

夫の真実の声を聞いてみませんか？

子どもに対して、どのように感じて、何を思っているのか？　まずはここをたずねてみることをおすすめします。

ひょっとしたら夫は子どものことを妻以上に考えているかもしれません。もしくは、妻が考えたこともなかったような視点で、子どもを見ているかもしれませんよ。

## POINT 2 夫の育児をコントロールしない

「オムツはこれじゃないわよ」

「そうやって抱っこしちゃダメ！」

「危ないってなんでわからないの？」


こんな否定的な言葉で、夫の行動をコントロールしようとしていませんか？

もしかしたら、その言葉が積み重なり、夫は何をどうすればいいのかがわからなくなって、子育てへのかかわりが減ってしまったのかもしれません。

最悪なのは、夫が妻を敵だと認識し始めること。
そのような状況になると夫は、家庭という環境や家族という存在自体に攻撃をしかけてきます。また、父親、夫という役割を放棄してしまう可能性もあります。

もし、夫から敵ではなく味方だと認識してもらいたいのであれば〝デキる上司〟となって、子どもとのかかわり方をやさしく教えてあげてください（⇒p．104『家事をやらない夫』）。

妻は、大切な夫と子どもの味方のはずですから。

## POINT3　あえて未完成の夫にまかせる

あなたは夫と子どもの関係性を高めるチャンスを作っていますか？
夫と子どもがかかわる時間を作ったり、率先して夫に子どもを預けてみたりしているでしょうか？

「していない」と思った人には、そうしない理由はたしかにいろいろあるかもしれません。

夫はオムツも替えられない、ミルクも満足にあげられない、抱っこも危なっかしい……。

たとえそうであっても、父親になるチャンスをどんどん与えてみてください。

きっとあなたの夫は子どもの扱いに失敗するでしょう。間違うでしょう。うまくいかないでしょう。

あなたと夫と子どもは、幸せな家族になるためのチームであり仲間です。夫もあなたと一緒ならきっと乗り越えられるはずです。

ぜひ、味方としておたがいを支え合いながら、一緒に進んでいくことをおすすめします。

ザビエル語録

子どもとかかわる機会を作って、失敗を許す。
夫と子どもの架け橋となれ

寝てるときに鼻をかくクセ、ママにそっくりなんだよな〜
かわいい〜
へえ〜、意外と見てるじゃん

絶望25

# 育児にダメ出ししてくる夫

KEYWORD

・何もしないくせに口出しをする
・育児、子育ての意見が違いすぎる

自分は手を動かさないのに、意見だけ言う。なんかいいとこ取りでムカつきますよね（苦笑）。

では、なぜ夫は〝見ているだけ〟〝言うだけ〟になってしまいがちなのでしょうか？

この点についてお話ししていきたいと思います。

## 夫婦コミュニケーションの結果である

夫が〝見ているだけ〟〝言うだけ〟の場合、それはふたりのこれまでのコミュニケーションの結果かもしれません。

夫にどうして欲しいのかを、あなたは伝えているでしょうか？

何度かお伝えしましたが、「そんなことくらい言わなくてもわかるでしょ！」「それぐらい気づけ！」と思っている妻が本当に多いのです。

「こっちが忙しそうにしていたら、手伝うのが普通じゃない？」

「何かしようか？　って言うのが当たり前でしょ」

「言うだけなんて、自分だけラクしてるよね」

などと思っていませんか？

「夫に気づかせるために、大げさに言っています……」なんて妻もいるでしょう。

夫が〝見ているだけ〟〝言うだけ〟になってしまうのは、「自分は手を出せない」と思い込んでいるからかもしれません。

要は、妻が困っていて手伝おうとしたときに、「邪魔」とか「いいから放っておいて」「あなたはあの子のこと何も知らないね」「そんなやり方でうまくいくわけがないじゃない？」なんてことを過去に言われたのかもしれません。

その結果、手を出せなくなっていった。そして、言われたことを根にもって、妻に指摘してくるのかもしれません。その可能性がないか考えてみてください。

では次に、どうすればいいのか？

## 行動に移せる夫の作り方

今回も3心《さんしん》セットを使って、きちんとあなたの思いを相手の心に届けましょう。

1 **あなたがやって欲しいこと** ＝ 朝は忙しい。子どもの準備を手伝って欲しい。

2 **あなたがやって欲しい理由** ＝ 時間に追われて、イライラして子どもに当たっちゃうから。

3 **やってもらったときのあなたの気持ち** ＝ 助けてもらえると、私も子どももおだやかに朝を迎えられる。

こんな感じで伝えてみてください。

相当関係が壊れていない限り、夫が手を動かす可能性は高くなるでしょう。

**ザビエル語録**

夫には、行動に移せるポテンシャルはある。それを引き出せるのはあなただけ

絶望26

# 叱るのが下手な夫

どっちかが叱ったら、もう一方はフォローにまわろうね!
そだね!
うん、賛成! そうしよう!
宿題を先にやってからゲームの約束よ!
ゲームオーバー
さぁ、あなた、フォローしてちょうだい!
ガミガミ
そうだ! 何度言ったらわかるんだ? え? だから成績も悪いんだよ
え? 約束が違うんだけど…
そもそもお前の育て方が悪いんだ! あ〜だこ〜だ
はぁ? 私のせい?

KEYWORD

- 教え方が下手
- 子どもの年齢に合った接し方ができない

## 大事なのは、〝どんな子に育って欲しいのか〟

ゲーム、勉強、遊び、人とのかかわり方、生活習慣など、子どもに教えることはたくさんあります。

ですがそんなことよりも、どんな感情を抱く大人になって欲しいのか？

これを考えるのが第一です。それを考えてから初めて「どうやって育てるのか？」という手段について話し合うのです。

叱り方や教え方ではなく、先にゴール（どんな感情を抱く大人に育って欲しいのか？）を決めないと、次のように手段で戦いが起こります。

勉強はさせるべき！　VS.　本人にまかせるべき！

ゲームはやらせない！　VS.　少しぐらいはいいだろう！

食事はテレビを見ながら食べるべきではない！　VS.　たまにはいいだろう！

こんな言い合いになり、夫婦ゲンカに発展してしまうかもしれません。

何をするかしないか、何が正しくて何が間違いか、ということよりも、子どもの感情に意識を向けることが大事なのです。

子どもが将来送って欲しい人生は、学歴は高く収入も多いけれど〝つらい、苦しい、悲しい〟という感情をたくさん抱く毎日なのか？

それとも、学歴は低く、収入も少ないけれど〝楽しい、嬉しい、感謝できる〟という感情をたくさん抱く毎日なのか？

これは極端な例ですが、この点をまずは夫婦で話し合う必要があります。

子どもには、学歴が高く、収入も多く、と思うものの、それ以上に、毎日〝楽しい、嬉しい、感謝できる〟と感じる、そんな大人に育ってもらいたいと望む親が大半だと思います。

では、そのためにはどうすればいいのでしょうか？

勉強を強制的にやらせること？　ゲームを強制的にやめさせること？　生活習慣を正すこと？

これらは正しいのでしょうか？　それとも間違いでしょうか？

これらをすることで、どんな大人になる可能性があるでしょうか？

ここを今一度夫婦で話し合いましょう。そのうえで、「どう叱るのか？　どんな言葉がけをして、どう接するのか？」が決まってくるのだと思います。


どれだけ話しても、手段でぶつかることはあります。

そのときには、「どんな感情を抱く大人になって欲しいのか？」というゴールを思い出し、その都度話し合いをしてみてください。

これを繰り返すことで、夫婦としての一体感が高まり、夫婦関係も良好になっていきますので。

**ザビエル語録**

叱り方、教え方を議論するのは
子どもにどんな人生を歩んで欲しいかを決めてから

4章

# なぜ夫は、浮気をするのか

お金　お酒　女性　スマホ依存

絶望 27

# お金にルーズな夫

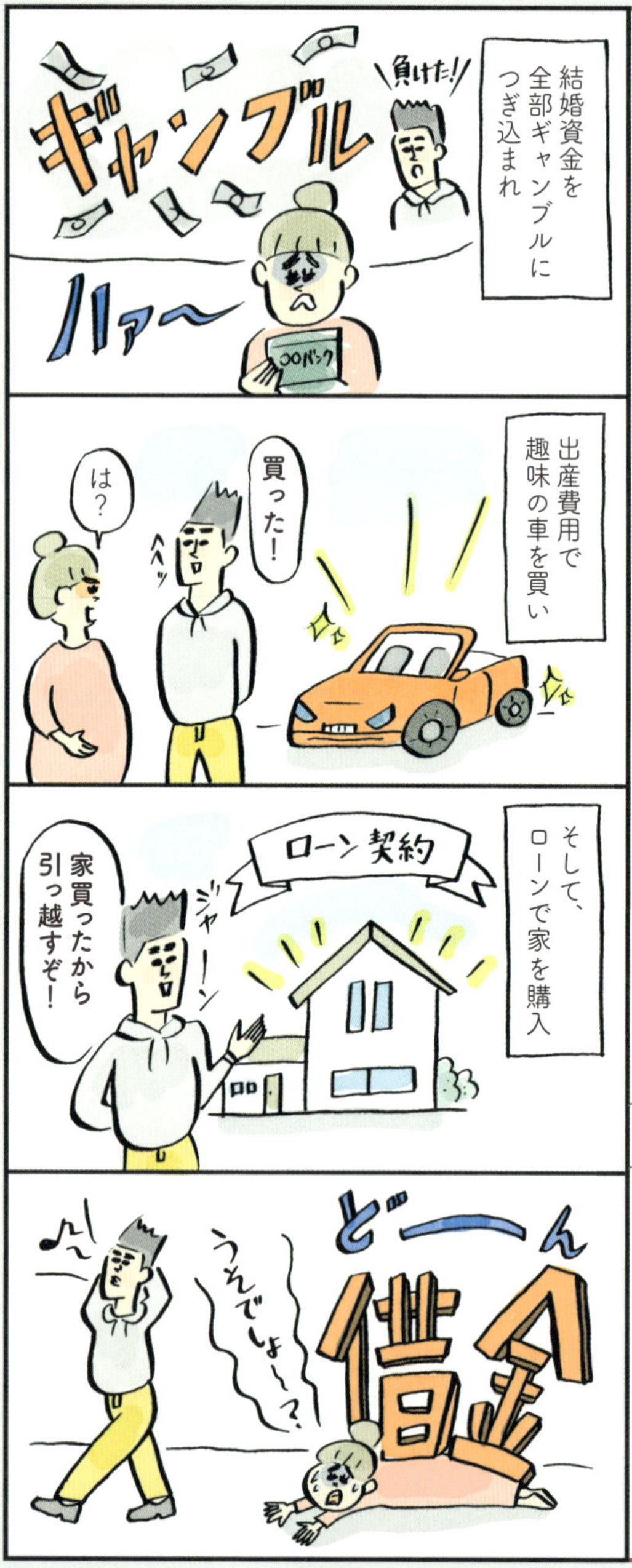
結婚資金を全部ギャンブルにつぎ込まれ
負けた!
ギャンブル
ハァ～
○○バンク
出産費用で趣味の車を買い
買った!
ヘヘッ
は?
そして、ローンで家を購入
ローン契約
ジャーン!
家買ったから引っ越すぞ!
どーん
借金
うそでしょ～?

KEYWORD

- 浪費家
- 借金を作る
- お金に関するうそをつく
- ケチ

さあいよいよ最後の章です。この章ではお金、お酒、女性関係など、ちょっとヘヴィーな内容に関する悩みを見ていきましょう。

まずは〝お金〟です。

実際に「お金の価値観が違って困る……」という相談は多いです。くわしくお伝えしていきますね。

## お金にまつわる会話がすべてを決める

お金にルーズな夫……。ギャンブルや必要ないだろっていうものに大金を使ってしまう夫。家族の大切なお金を、どうして不要なものに使ってしまうのでしょうか?

ここで大切になってくるのは、これまでお金に関して夫婦でどんな話をしてきたか?ということです。

夫の給料のこと、小遣いのこと、夫のお金の使い方、仕事のこと、細かい節約のこと……、こんなことばかり口にしていたら危険です。

もう少し具体的に言うとこんな感じです。

「あなたの給料が少ない」

「ボーナスもないなんて、あなたの会社はおかしい！」

「節約のためだから」

「お金が足りないけど、どうすればいい？」

「うちにはお金がないからどこにも行けない」


もし、こんな会話ばかりをしていたら要注意です。

なぜならこれらの言葉は、夫に対して「お金を何とかして！」と言っているのと同じだからです。あなたにそんなつもりがなくても、です。

この状態が続くと、夫は〝お金の使い方〟に細かくなったり、口を出したりしてくるかもしれません。その結果、お金に関して夫婦ゲンカが増え、最終的にはお金にルーズになる可能性が高くなります。

もう少し細かくお話ししていきましょう。

## お金の使い方は、夫の気持ちを表している

実は、夫の給料、仕事、会社、お金の有無などに文句を言えば言うほど、夫は「自分の

働きが否定されている」と受け取る傾向があります。

その結果、真面目な人ほど仕事を無理にがんばったり、会社や仕事を変えようとしたり、いろいろと努力を始めます。


ですが、これらはネガティブな理由がきっかけなので、ネガティブな結果を招きやすいのです。

＊**お金を増やすために、がんばる。**
＊**お金を増やすために、会社を変える。**
＊**お金を増やすために、仕事を変える。**

こうなると、お金中心の働き方になりますよね。

そして、精神的にも肉体的にも追い詰められていき、うつ状態になったり、体を壊したり、転職を繰り返したり……。

逆に、もうどうでもよくなり「自分が稼いだ金を、どうして自分で使えないんだ！」と感じ始め、金遣いが荒くなったり、借金など大きな問題が起こったりする可能性があります。

家や車を相談なしに買ってくるのも同様です。もしかしたら「車が欲しいね」とか、「そろそろ買い替えようか？」とか、「家が欲しい」とか、そんな会話をしたのかもしれません。

これは裏を返せば、妻を喜ばせたい一心で夫は行動した可能性があります。

すなわち、夫のお金の使い方は、夫の気持ちを表現していると言っても過言ではないのです。

では、お金についてどんな会話をすればいいのでしょうか？

これこそ、〝感謝をする〟ということです。

夫ががんばって稼いだお金について、心から感謝しているでしょうか？　どんなに低い給料だとしても。

もしかしたら、「夫は私の家事や仕事について感謝しないのに、どうして私が夫に感謝をしないといけないの！」と思われるかもしれません。

それはおっしゃるとおりです。ただ、もしおたがいが相手に感謝しない夫婦だとしたら、どんな結末を迎えるでしょうか？

あなたが望んでいる、笑顔があふれる温かい家庭を作れるでしょうか？

ぼくとしてはこの本を読んで、先に気づいたあなたから、まずは夫に感謝をしてみて欲しいのです。

一度や二度ではうまくいかないかもしれませんが、ぜひ試してみてください。

きっと夫婦関係が好転するきっかけになると思います！

**ザビエル語録**

**お金の使い方は、夫の心理状態そのもの。使い方をどう言っても意味がない**

絶望28

# スマホゲームに依存する夫

KEYWORD

・スマホを手放さない
・ギャンブル依存

ずーっとスマホをいじる夫にイライラする妻、非常に多いです。「スマホじゃなくて、家族を見てよ！」と思いますよね？　でも、イライラするだけあなたが損します。

まずは夫がスマホゲームに依存する理由を、理解することから始めてみましょう。


夫はなぜスマホゲームに依存するのでしょうか？

いろいろな視点がありますが、今回は、ふたりの関係性という視点で説明していきます。

これは簡単に言えば、夫は妻と過ごす時間より、スマホと過ごす時間のほうが、ポジティブな感情（嬉しい、楽しいなど）を抱く可能性があるということです。

## 夫との会話の質が問われている

これまで何度もしてきた質問をさせてください。

あなたは、夫とどんな会話をしてきたでしょうか？


たとえば、褒める、感謝するという、相手が言われて嬉しい言葉よりも、怒り、嫌み、指摘などの、言われて嫌な言葉のほうが多くありませんか？

「私にそんなことを言わせる夫が問題なんです！」と思われるかもしれません。

たしかにおっしゃるとおり、夫が妻にそんな言葉を言わせなければいいんですよね。

もしあなたがそう思うなら、夫が１００％間違っていて、妻が１００％正しいということでしょうか？　そうだとしたら、褒めたり感謝したりしたくない気持ち、わかります。

ただ非常に残念ですが、この考え方は夫婦関係を壊す考え方です。この先、スマホ依存の他に、新たな問題が起こるかもしれません。

その問題とは、浮気、不倫、別居、モラハラ、ＤＶ、借金、離婚など。何が起こるかはわかりません。ですが、いずれかの問題がかなり高い確率で起こると思います。

もし、「今のうちにそんな問題が起こらないようにしたいです！」と思うのであれば、ぜひ、〝褒める、感謝する〟という、言われて嬉しい言葉を多く使ってみてください。

問題が起こる確率をグッと減らし、さらに、スマホを完全にやめることはないかもしれませんが、スマホに費やす時間は、圧倒的に減ると思います。

ですが、〝褒める、感謝する〟ときに多くの人が陥りやすいのは、うわべだけの言葉になることです。

うわべでは、相手の心には届きません。相手の心に届かなければ、関係は改善しませんよね。

どのような気持ちで発した感謝の言葉が、相手の心に届きやすいと思いますか？

ここでは〝出来事・労力・思い〟という3つの視点で考えてみましょう。

それではひとつずつ説明していきます。

## ＊〝出来事〟のみに対しての感謝

たとえば夫が、妻が特に好きでもないプリンを買ってきたとします。

そんなときに、頭では「それ別に好きじゃないし」「私のこと全然わかってないね」と思いながらも、「買ってきてくれてありがとう」と感謝の言葉を口にするかもしれません。

この言葉は、「買ってきた」という行為に対して言っているわけです。

しかしこれは、相手の心には届きにくいです（言わないよりはいいのですが）。

## ＊〝労力〟のみに対しての感謝

こちらは、夫がわざわざ帰り道に、お店に寄ってまで、プリンを買ってきてくれたという労力について感謝することです。

言葉にすれば「仕事で疲れているのに、わざわざお店に寄ってくれて買ってきてくれてありがとう」という感じでしょうか。

こちらは最初の〝出来事〟に感謝するよりは相手の心に届きやすいです。

## ＊出来事・労力をふまえた〝思い〟に対する感謝

これが、一番相手の心に届くと思います。

どういうことかと言うと、夫が妻のことを考えて（思い出して）、妻を喜ばせようと思い、労力をかけて、買ってきてくれたということです。

ここに気づくと、プリンが自分の好きなものかどうかなんて、どうでもよくなりませんか？

それよりも、夫の〝妻に対する思い〟のほうがすてきだなあとぼくは思うんです。

きっと、「喜んでくれるかな」「嬉しいかな」「驚くかな」「食べてくれるかな」といろいろな想像をして買ってきてくれたかもしれません。

そういう〝思い〟に気づこうとすること。それこそが夫婦円満になるために必要なのです。

少し話が逸《そ》れましたが、何かに依存する夫をどうにかするには、依存の対象から引き離そうとするのではなく、ふだんの〝思い〟に気づき、その〝思い〟に対して、感謝を伝えること。相手の心に届く感謝であり、心から褒めること。

遠回りに感じるかもしれませんが、これを覚えておいてください。

**ザビエル語録**

**スマホとの関係より、自分との関係を良好にせよ。すると夫からスマホを手放しだす**

絶望29

# 酒癖が悪い夫

KEYWORD

・口が悪くなる
・態度が大きくなる
・記憶を失う
・何か持って帰ってくる

## 過度のアルコール摂取はストレスの象徴

酒癖が悪い(深酒をする)場合、夫が何かしらのストレスを抱えている可能性があります。

特に、以前はこんなに酒癖が悪くなかったのに、だんだん悪くなったという場合は要注意です。


では、どんなストレスを抱えているのでしょうか?

仕事はもちろんですが、家庭内でもストレスを感じているかもしれません。我が家でストレスなんてありえないと思う人も、一度、振り返ってみてください。

たとえば

「それ、やめなよ」

「全然、違うね」

「まったくわかってない」

こんなふうに夫の言動に対して、指摘（否定）する発言をしていませんか？

事あるごとに、夫の行動や発言をチェックし、妻の思ったとおりにならないと、正すように指摘する。もし、こんなことが繰り返された場合、酒癖はもっと悪くなるかもしれません。

なぜなら、夫は酒でストレスを発散している可能性があるからです。酒なしではストレスを発散できなくなって、酒癖の悪さにつながっているのかもしれません。酒を飲んで酔っている間は忘れられますから……。

もちろん、100％そうであるという話ではなく、そういう部分もあるかもしれないという視点で考えてみてくださいね。

また、飲みに行く回数が増えると、帰宅時間も遅くなりますよね。

これはひとつの目安ですが、家で過ごす時間より、外で過ごす時間が多くなったら、要注意です。なぜなら、夫は〝家庭内でストレスを抱えている〟と考えられるからです。

家にいたら嫌な気分になる。だから外に行くわけです。

もう少し簡単に言えば、夫は「家に帰りたくない」（妻と一緒にいたくない）状態なわけです（⇒p.96『仕事で帰りが遅い夫』）。

今まで多くの夫婦の話を聞いてわかったのは、夫婦関係が壊れるまでにはある程度の〝流れ〟があることです。

結婚後、夫婦ゲンカが増えると、おたがい何を言っても無駄だと思い、まず会話が減ります。

会話が減った家庭は当然楽しくありませんよね。なので、夫はだんだん家に帰ってこなくなります。

そんなときに、夫を癒すような女性が現れ、浮気や不倫へと発展する。

さらに夫婦関係が悪化すると、夫から別居か離婚かの選択を迫られる……（当然、逆もあります）。

こんな流れが多いように感じます。

ですので、まず気にするべきは酒癖の悪さよりも、自分たち夫婦はどんな関係なのかということです。

一緒にいて楽しい関係でしょうか？

それともつまらない、無機質な関係でしょうか？

それとも、ピリピリ、ビクビクするような関係でしょうか？

ここを今一度振り返ってみてください。

ザビエル語録

酒癖の善しあしは、夫婦関係の善しあし。
夫だけの問題ではない

おーい！愛してるぞー!!!
まったく(笑)…でも仕事で何かあったのかなァ。

絶望30

# 女性に弱い夫

KEYWORD

- 浮気
- キャバクラ通い
- 内緒で合コン

さあ、いよいよ最後の困った夫です。

実際に、ぼくのもとに届く相談の半数以上が女性問題です。夫が他の女性に気をとられたら、感情的になる妻のほうが圧倒的に多いですし、しぜんな反応だと思います。

だから夫をののしりたい気持ち、浮気相手に一発かましたい気持ちもよくわかります。

でもそれでは、さらに夫は妻への気持ちが冷め、他の女性に走ってしまいかねません。

浮気が発覚した場合、まずは落ち着きましょう。今すぐ何か行動を起こしても、よい結果にはなりません。夫もすぐに、相手の女性のところに行くわけではありません。

まず、これまでの夫婦関係は、はたして良好だったのか？　ということを、これをきっかけに考えて欲しいのです。

よくあるケースは、妻は良好だと思っていたけれど、夫は良好だと思っていなかった。そして、ある日浮気が発覚し、問い詰めると、好きな人がいるから別れて欲しいと言われた。怒り狂った後、夫は浮気をやめた。でもその数カ月後、再び浮気をしていた。

こんなケースが多いです。

それでは浮気が起こるメカニズムを見てみましょう。

**STAGE1** **夫婦ゲンカがよく起こる**

結婚するとおたがいの価値観などの違いから、夫婦ゲンカが増え始めます。特に妊娠、出産をきっかけに、育児、家事などをめぐるケンカが多くなります。

**STAGE2** **夫婦の会話が減る**

そして、おたがいケンカをしてもわかり合えないと判断し、会話が減っていきます（言ってもわかってくれないだろうという思いから）。

**STAGE3** **夫の帰宅時間がどんどん遅くなる（または出張などが多くなる）**

会話が減ると、家庭の雰囲気が悪くなります。家庭の雰囲気が悪くなると、夫は家に帰りたいと思わなくなります。

**STAGE4** **問題が勃発する（浮気、不倫、別居、離婚など）**

そんなときに、夫に好意を寄せる女性が現れたり、魅力を感じる異性が現れたりすると、そちらに意識が向いてしまいます。

もちろんすべてのケースがそうではありませんが、経験上、多くはこのパターンが当てはまります。

もし、本書に書かれている項目に心当たりがある場合、本書のアドバイスやぼくのブログ（『夫婦道』jyosui.com）を参考にしてみてくださいね。

すぐには改善しませんが、関係は少しずつ良好になるはずです。

ザビエル語録

浮気、不倫相手を憎むよりも
夫婦関係を見つめ直すきっかけにしたほうが勝ち

● 著者

**ザビエル**

幸せ夫婦 伝道師。ペンネームはザビエルだが、鳥取県米子市生まれ。ネットゲーム、パチンコ、浮気、モラハラを繰り返していた元ダメ夫。離婚を考えながらも、ある日一念発起し8年間かけて夫婦のコミュニケーションを研究する。その結果、ぶつかることはあるものの、妻と子ども3人の5人家族で超幸せな家庭を築けるように。その後自身の経験、研究をもとに夫婦仲についてのブログを開設。今では1カ月10万人以上が訪れる人気ブログに。メルマガ読者は1万5千人を超え、1000人以上に直接アドバイスを行なっている。相談者は女性が8割以上で、モットーは“夫婦関係の改善は、夫、妻のどちらでもよいので、どちらか一方が自分自身を変えること”。論理的でわかりやすい、自分を変える方法が人気。ペンネームの由来は、ヒゲ面を見た友人から「ザビエルみたい」と言われたことから。

**ブログ　夫婦道 http://jyosui.com**

**ザビエルよりお知らせ**

ブログからメルマガに登録すると『神々の悪戯　夫婦関係の破壊と構築の法則』～パートナーから「やっぱりこの人じゃないとダメ!」と最後に選ばれる3つの法則～をプレゼントしています。たった24ページのレポートですが、夫婦関係が大きく変わるヒントが満載です。1、2通読んで、思っていたのと違うと思われたらすぐに解除できますので、ご安心ください。

**なぜか、いつも夫は他人ゴト。**

2018年3月10日 初版発行

- 著者　ザビエル
- イラスト　あべさん
- デザイン　髙橋朱里、菅谷真理子（マルサンカク）
- 編集協力　荒木久恵
- 広報　岩田梨恵子、南澤香織（サンクチュアリ出版）
- 営業　津川美羽、吉田大典（サンクチュアリ出版）
- 編集　宮﨑桃子（サンクチュアリ出版）

- 発行者　鶴巻謙介
- 発行・発売　サンクチュアリ出版

〒113-0023
東京都 文京区 向丘 2-14-9
TEL　03-5834-2507　FAX　03-5834-2508
URL　http://www.sanctuarybooks.jp/
E-mail　info@sanctuarybooks.jp

印刷　株式会社シナノ パブリッシング プレス

夫をあやつる♡

# 魔法の言葉
# 厳選12

まずは1日1フレーズ、
10日間試してください。

袋とじ付録
夫には秘密です。

キリトリ

ここでご紹介する12のフレーズは、一見すると「そんなこと言えない！」と思うものかもしれません。ですが、あなたと一緒にいたい（一緒でよかった）と夫に思わせるフレーズです。本当に幸せな夫婦になりたければ、タイミングをはかり、ぜひ口に出してみましょう。

まずは１日１回、10日間だけでもいいので実践してみてください。10日後、ほぼ確実に夫の反応が変化していますよ（ただし、言葉だけでなく、笑顔、キス、ハグ、相手が喜びそうな行動などが伴うとよりいいです）。

いかがでしたか？

これらのフレーズは、夫婦関係によっては言いにくい言葉もあるでしょう。

でも、こう考えて欲しいのです。

もしあなたが、この言葉を夫から毎日言われたとしたら、その相手を“心から”大切にしたいと思いませんか？

あなたを心から大切にする夫に変えるためには、あなたが夫を大切にしてあげればいいのです。

すなわち、これらのフレーズは、自分に向けて言っている言葉と考えることもできます。

あなたが夫から大切にされるために、あなたが幸せな夫婦を作るために、あなたの家族が幸せになるために……。

あなた自身が幸せになるためのフレーズでもあるのです。

ぜひ、1日1回と言わず、1日3回でも、5回でも使ってみてくださいね！

ザビエルより

MAGIC PHRASE

12

キリトリ